ÉLEVÉ A LA GLOIRE DU PEUPLE BITERROIS !

UNE

ÉVASION

ÉPISODE

DE LA

Guerre des Albigeois

PAR

M. Théodore REVEL.

A toi mon amour, peuple Biterrois ; à tes
ancêtres, mes larmes......

Première Édition.

BÉZIERS

DÉPÔT : Chez M. BÉNÉZECH-ROQUE, dans les principales Gares
et chez tous les Libraires du Département.

1863.

UNE ÉVASION.

Béziers , Imprimerie de J. Delpech , au Saint-Esprit.

UNE

ÉVASION

ÉPISODE

DE LA

Guerre des Albigeois

PAR

M. Théodore REVEL.

Prends ton flambeau, toi qui interpelles les
pionniers du progrès et de l'intelligence,
et pénètres dans mes sentiers ténébreux..

BÉZIERS

1863.

Béziers , Imprimerie de J. Delpech , au Saint-Esprit.

UNE

ÉVASION

ÉPISODE

DE LA

Guerre des Albigeois

PAR

M. Théodore REVEL.

> Prends ton flambeau, toi qui interpelles les
> pionniers du progrès et de l'intelligence,
> et pénètres dans mes sentiers ténébreux..

BÉZIERS

1863.

PREFACE.

———

Tant que le respect dû à la société et le culte dû au Seigneur n'auront pas disparu de dessus cette terre, un livre comme celui-ci pourra moissonner des prosélytes.

Il est d'ordinaire que lorsqu'on commence un livre, on doit d'abord insérer un espèce de prélude qui apprend ou décline le nom de l'auteur, son origine, sa profession s'il en a, le degré d'éducation, bon ou mauvais, suspicible ou douteux qu'il peut avoir reçu.

Le lecteur aime ces espèces de confidences, ces aveux, et son ambition ne serait pas satisfaite, si avant de déceller un ouvrage pour en prendre connaissance, il n'avait appris un nom !...

Que sert cependant tant d'érudition ? A quoi aboutit tant d'ingénuité ? L'homme qui s'analyse soi-même, n'apprend-il pas à se faire haïr ? Son nom ne tombe-t-il pas en désuétude, en désarroi ?... Car, dès que l'intime irradiation est faite, où est l'attrait ? Que devient l'amour ?.....

Il est une autre classe d'hommes qui passent outre sur la préface, sur un avant-propos. Ceux-là à notre avis sont les plus sensés ! Ils savent se ménager les surprises et arrivés aux sommités de l'œuvre, au fond de l'action, au dénoûment du dénoûment, ils ne peuvent que donner une solution profonde, un raisonnement sûr, la vaste étendue des réflexions et des raisonnements leur étant déjà connue !...

Pour ne pas déroger à cette coutume aussi antique qu'exclusive, pour ne pas susciter aucune lacune, faire naître aucune entrave, pour ne pas semer en un mot du trouble dans l'esprit du lecteur, nous allons nous analyser nous-même, nous mettant peu en peine de ce qu'on voudra penser de bien ou de mal de nous.

Nous avons près de *six lustres*, pour parler le langage poétique. En raisonnant logiquement, nous dirons nous avons vingt-huit *tortures*, les années ne se comptant que par tortures et la vie n'étant qu'un enchaînement de souffrances et de tribulations ! Nous avons quitté le toit paternel à douze ans ! Nous vaguons depuis. Nos instants sont remplis de déboires ; nous ne vivons que par l'obole de la sueur ; nous achetons le pain de la douleur et de l'infortune. L'appat du *mieux* guide pourtant notre existence ! De temps à autre, l'Espérance, cette consolation que Dieu envoie à l'homme souffrant et malheureux charme nos pauvres jours!... Notre éducation est mesquine, médiocre, pauvre peut-être ; mais assez chaste cependant pour goûter le bien et le donner à épreuve à nos semblables....

Nous sommes ouvrier !... Qu'est-ce que l'ouvrier d'aujourd'hui, si non le serf d'autrefois; avec un peu plus de franchise si l'on le veut, parce que la loi la lui octroie, le gouvernement la lui donne; mais s'inondant toujours des mêmes sueurs, s'arrosant toujours des mêmes larmes ?... Nous ne prêchons pas la haine aux lois, le mépris des institutions ; nous aimons et bénissons tout ce que le monde aime et bénit de nos jours. Notre vie se passe donc entre le devoir divin et le devoir social !... Heureux de féliciter notre âme de se montrer bienveillante pour ce qui est *justice, égalité* et *raison* et de se conserver ainsi intacte et immaculée dans ce cadre restreint d'amour et de reconnaissance que nous lui traçons à l'envi !...

Nous habitons la montagne ! Nous voyons avec joie et bonheur la fille et la ménagère traire leurs chétives vaches et en présenter le produit aux nobles et aux opulents. Heureux qui peut trouver un seuil hospitalier dans ses offrandes ; heureux qui peut voir sa soumission rachetée ! Nous n'envions pas ses chants, ses rayonnements, son bonheur ; tout cela ce sont des coutumes louables : elles relèvent des anciens pasteurs et méritent admiration !

Pour nous, pauvre isolé, nous allons méditer au milieu des grands bois, au bruissement des nuits, à la face et à la clarté des étoiles !... Nous parlons à l'Eternel et à son OEuvre ! sublime commerce , tendre communion qui lie nos rapports , nos aspirations à celles de l'Infini et de l'Immensité !... Et si dans notre tendre solitude , l'écho nous apporte des rumeurs vagues , des cris plaintifs de peuples égarés et souffrants , nous laissons bruire autour de nous ces mille *voix* de la nature et nous nous disons : il est un Dieu qui calme les souffrances , adoucit les calamités et les misères , étanche les ardeurs de la soif... Et tandis que tout pleure , et tout gémit , nous méditons et nous prions encore.

Et plein d'amour véritable , nous entrons dans la vallée et tandis que l'ouragan des iniquités et des discordes civiles a fauché les arbres et moissonné les plantes , nous invoquons un livre et ce livre est *Une Évasion.*

Salut , roman chéri : puisses-tu passer à la postérité.

Faugères , le 25 décembre 1862.

Théodore REVEL.

S'il est quelque chose qui puisse vous intéresser , habitants de Béziers , c'est le récit des actions valeureuses de vos pères. Aussi sous ce titre , viens-je parler à vos cœurs et ressusciter des temps anciens qui mériteraient d'avoir leurs monuments au milieu de vous comme celui qui s'élève à côté de la Halle-au-Blé. Entendez-moi et daignez m'accorder votre indulgence. (1)

(1) Je fais la dédicace de mon livre à la ville de Béziers. — *Note de l'auteur.*

I.

Lors de la fameuse lutte de la ville de Béziers (guerres albigeoises de 1209), une valeureuse héroïne dont le nom est échappé à nos narrateurs anciens, avait vu son frère passer malheureusement dans le camp des croisés.

Ce jeune seigneur du nom de Paul de Saint-Jacques, dans une courageuse sortie que fit la ville et où elle épouvanta par son zèle une armée cent fois plus forte qu'elle, composée de vingt mille chevaliers et deux cent mille vilains, ribauds, truands ou arlots (1), avait été fait prisonnier avec certains de ses compagnons d'armes.

Enfermé dans une des tentes de l'inexorable Arnauld Amaury dont on connaît l'horrible sentence, Paul de Saint-Jacques disons-nous, soupirait dans le plus profond de son âme, après la délivrance de sa sœur, captive comme lui.

Elvire de Saint-Jacques était le nom de cette sœur chérie ; elle occupait en ce moment une chambre d'une maison où est établie actuellement la Citadelle, côté sud-ouest de la ville.

Cette chambre offrait un aspect singulier ; par son ensemble, on eût dit qu'elle participait de la rusticité des

(2) Rapport du Poète Provençal.

Goths et de la noblesse orientale ; elle n'était pourtant autre chose qu'une de ces salles octogones dont la construction était devenue si commune dans la bourgeoisie du pays. Dans chaque angle de l'appartement était incrusté un pilier à saillies tranchantes, couronné d'un chapiteau d'où s'isolait le cintre à ogive qui raffermissait la voûte. Deux ouvertures avaient été ingénieusement pratiquées à cette pièce : une porte qui donnait sur une pièce de style toscan, et en face, une fenêtre aux larges embrasures et profonde de toute l'épaisseur du mur. (Le mur n'en avait pas moins de six à huit pieds d'épaisseur en cet endroit.)

Le jour qui pénétrait par cette fenêtre formait un rayon vivement tranché. Il séparait pour ainsi dire l'obscurité en deux. Il laissait alors dans l'ombre la jeune captive défaillante sur un fauteuil de palmier américain, et de l'accoudoir duquel pendait une cotte-de-mailles, encore toute sanglante, dépouille mortelle de Simon de Saint-Jacques, son plus jeune frère, tué dans l'assaut de la veille.

Dans une autre partie de la salle, c'est-à-dire dans la partie la plus éclairée de l'appartement, gisait au coin d'un âtre aux sombres réverbérations, un gros chien des Alpes, à la crinière épaisse et tâchetée de noir, au museau effilé et teint de sang humain, à la physionomie martiale et altière à la fois. Ce chien se levait de temps en temps, promenait un regard courroucé dans la salle et puis venait lécher la main gauche que lui tendait sa maîtresse et où se montrait une large mais profonde blessure. Ensuite, le courageux, le franc *Zoury* allait se rasseoir au coin de son foyer.

La dalle était couverte dans toute son étendue par un vaste tapis, sorti des fabriques de Tripoli ou de Pise. Ce tapis laissait voir à son intérieur une croix brodée sur argent et dont le nimbe fortement accentué accusait dans un fond céleste tous les incidents de la passion du Sauveur. Les angles de ce grand tapis étaient aux armoiries du comte de Toulouse et du vicomte de Béziers. Comme faisant partie intégrante du loyal écusson , on lisait cette riche devise : *Amour au pays, fidélité au Suzerain.* Quelques chaises étaient aussi isolées dans l'appartement ; on voyait de même , à côté de la cheminée , un trépied antique d'or massif et sur lequel se trouvaient négligemment étalés un couteau de chasse , un cor et une tasse en vermeil.

Telle était à peu près la composition ou pour mieux dire l'ameublement de cette salle où s'étaient mues tant de grandeurs passées et où la douleur la plus intense , la plus vive venait exercer actuellement son plus funeste empire. Le lecteur ne sera donc pas surpris de voir Elvire dans l'état où nous la lui avons représentée. Sa prostration était grande ! mais son malheur était plus grand encore.

Elevée dans son jeune âge dans un couvent de la *Narbonnaise* , la jeune fille n'avait vu de la vie que le côté le plus attrayant , c'est-à-dire celui où les nombreuses entraves , les rudes controverses qui peuvent à chaque instant déchirer l'humanité sont ignorées. On ne lui avait appris , dans ce berceau de la civilisation , que l'amour du prochain , celui de la famille , la nécessité où est l'homme de secourir les malheureux , enfin les espérances des biens du ciel ! Elvire s'était donc fait un rêve de bonheur comme s'en font ces âmes calmes et ardentes dont les passions n'ont été échauffées qu'au foyer de cette haute philosophie ! Elle avait perdu sa mère à peine âgée de trois ans ; mais elle avait néanmoins conservé les précieuses qualités de cette incomparable institutrice.

Arrivée à l'âge de dix-huit ans, les guerres de religion vinrent poindre sur l'horizon des discordes civiles. Paul de Saint-Jacques, père d'Elvire, comprit la position de sa fille et la contraignit à rentrer dans ses foyers. Depuis lors, Elvire fut un modèle de vertu pour toute la cité entière. Elle donnait à pleines mains, ne comptant pour rien cet adage du peuple qui dit : *Que trop donne ruine tout ;* mais professant un amour, une confiance toute particulière pour cette digne maxime du Seigneur, *que celui qui donne un verre d'eau en son nom, s'acquiert une gloire immortelle dans l'éternité.* Elvire était donc la joie de la cité en même temps qu'elle devenait la consolation de ses parents ! Elle supporta avec un calme, une résignation stoïques, la mort de son père, mutilé, broyé par un de ces énormes éclats de pierre que lançaient à chaque instant les machines des assaillants. Son jeune frère fut percé d'une flèche et, nonobstant les soins empressés que lui prodigua sa sœur chérie, il dût succomber après dix heures de cruelles souffrances. Son frère aîné venait encore de passer dans le camp ennemi, que cette suite non-interrompue de catastrophes n'avait pu abattre ni atténuer les sentiments de piété évangélique dont était animée la jeune fille. Emule de Zénophon et fille du Christ, elle avait cru devoir accepter de l'un la résignation, de l'autre la passion. Le messager qui apporta au souverain sacrificateur la nouvelle de la mort de son fils, en obtint pour toute réponse : *Qu'il savait qu'il était mortel.* Jésus-Christ en suppliant son père de faire passer loin de lui le calice d'amertume, ajoutait : *néanmoins, que votre volonté soit faite !* Elvire, sublime comme ces saints héros, enthousiaste comme eux, disait que *la mort est le commencement d'une autre vie.* Elle en était là de ces pieuses contemplations, lorsqu'un bruit de pas se fit entendre au bas de l'escalier qui conduisait à ses appartements. Zouri, le bon Zouri jeta un cri plaintif et vint se placer à deux pas au-devant de sa maîtresse. La jeune, la belle captive ramena son voile sur ses épaules répara sa chevelure désordonnée et s'imposant comme un effort sur elle-même, se leva debout et pensive au devant de son fauteuil, pareille à cette statue antique de la Douleur que les peintres ont si bien représentée.

II.

Le Serviteur Fidèle.

Sainte fidélité, que tes attraits sont puissants !. Plus je te considère et plus j'aime à m'immoler à tes charmes. Puisse ma vie s'éteindre à ton doux murmure; ... puisse mon trépas, quand l'heure de mes adieux aura sonné, n'avoir que ton flambeau pour clarté, ta félicité pour partage.

Avez-vous connu ce que c'est qu'un bon serviteur ? Les maîtres qui ont des domestiques ont-ils bien compris la tâche que remplissaient ces gens-là ? J'ai vu des esclaves, en Afrique, se sacrifier pour leurs maîtres ; dans le xviime siècle, on voyait des serviteurs monter à l'échafaud pour leurs maîtres ; 1791 vit encore une tête amie, une chère tête offrir son existence pour sauver la vie de son maître-roi. C'est qu'il y a dans les charges de la domesticité des liens qui attachent et qui entraînent ; et quand quelque chose d'étranger vient essayer de rompre ou d'altérer l'union, l'affinité de la chaîne n'en est que plus forte et plus sensible, et toute dissolution devient-elle alors impossible.

Elieb avait été fait à cette trempe de l'auguste reconnaissance. Elevé sur le sol de la Bretagne, il avait respiré avec le beau soleil de cette patrie, l'humeur jalouse et fière de ses habitants. Le breton est grand, courageux, noble et attaché ; l'horreur de la lâcheté ne souilla jamais sa conquête. Lorsque des guerres civiles ou religieuses vinrent agiter le royaume , la Bretagne s'arma toujours la première avec un drapeau nationnal à la main ou un étendard romain , selon que l'exigeaient les circonstances, donnant ainsi au monde entier , le spectacle de son origine et de sa foi.

Elieb était un de ces nobles enfants dont la tradition est un devoir , et dont la nécessité devient souvent un culte sacré. Sa position le plaçait aujourd'hui dans une singulière circonstance ! Il avait combattu contre l'hérésie , c'était pour l'hérésie qu'il combattait. Il y a dans la vie de ces moments exceptionnels où le plus saint des devoirs simule souvent une tâche noire , et pourtant celui qui l'accomplit n'en porte pas moins le sceau de son ardeur zélée ! Henri IV n'est-il pas sublime, quand, pour se faire roi, il fait passer des vivres aux parisiens qu'il assiége ? Jephté n'est-il pas digne de louange , quand , en présence d'une grande bataille , il promet au Seigneur un sacrifice dont l'accomplissement doit lui coûter bien des larmes ?... Ah ! c'est que dans la poitrine des héros battent souvent de ces élans qui ne sont connus que d'eux seuls.

Quelle digne mission Elieb avait en ce moment à remplir !... Son maître esclave !... Son maître à délivrer !...

C'est pourquoi il avait lancé des flèches et des traits pendant toute une nuit à ceux que dans un moment de calme il eût appelé des frères ! C'est pourquoi il avait à lutter contre les regrets et les remords de son cœur.... Le bon Elieb n'eût pas voulu être parjure !

Le jour étant venu , et dix heures sonnant à l'horloge de Saint-Aphrodise , tandis que le soleil lançait ses rayons presque de feu sur la cité malheureuse , Elieb comprit l'infructuosité de sa tâche. Il tourna ses regards sur la ville , sur le camp assiégeant , et il se sentit effrayé à l'aspect du carnage. Tant de victimes égarées par l'oubli de la raison troublèrent son âme ; tant de massacres commis par la main de l'erreur glacèrent ses sens. Alors de cette héroïque lutte , de cette répulsion sympathique où la nature se montre souvent si belle et si sublime , une pensée de salut vint traverser la tête d'Elieb. Il songea à Elvire , à sa chère maîtresse qu'il avait laissée seule.... Le fidèle serviteur posa là ses flèches et son arc, renoua à sa ceinture son couteau de Damas , et , n'écoutant que sa tendre reconnaissonce , il abandonna ce rempart désolé où ne vivait que la mort et se rendit soudain au domicile de Saint-Jacques.

C'est là qu'il nous a semblé tantôt l'entendre : c'est là qu'il mesure triste et pensif cet escalier qui doit le réunir à celle pour qui il doit sacrifier sa vie , son bonheur.

Il avait à peine mesuré douze marches sur cet escalier, que Zouri ayant flairé ses pas vint se jeter auprès de lui et lui témoigna une longue caresse. Elvire ne vit pas paraître plutôt sur la porte son trop touchant serviteur , qu'elle tomba évanouie.

Il y a de même dans la vie de ces grandes catastrophes qui épouvantent ; d'autres plus petites qu'elles et qui tuent.... Elvire avait vu avec une résignation stoïque la mort de ses parents ; en apercevant Elieb , elle tomba en défaillance ! c'est qu'Elieb pouvait lui décliner de grandes choses et résumer par son apparition les grandes péripéties de son passé , de son présent ou de son avenir. Sa vie tenait donc en ce moment par un fil et ce fil était placé entre les mains de son serviteur.... Une seule parole pouvait l'abattre comme une seule parole pouvait la relever : c'est en style technique l'espoir qui vient luire au fond de toute amertume ; c'est la consolation qui se montre aux portes du tombeau.........................

....

Quand Elvire fut revenue à elle et qu'elle vit son serviteur à ses pieds :

— Quelle nouvelle m'apportez-vous, bon Elieb ? lui dit-elle, et son regard s'anima d'une expression navrante.

— Oh ! noble maitresse, reprit le fidèle gardien, rien au moins, rien qui puisse encore vous consoler ; la lutte est toujours affreuse : les Croisés lancent contre la cité des imprécations épouvantables.... notre pauvre patrie, bonne Elvire est dans un état désespérant !....

La jeune fille poussa un soupir.... une larme suinta de sa paupière, puis, vint rouler sur sa joue pâlie et finit enfin par venir se perdre sur sa main pressant un crucifix.

— Que fait mon frère Paul, Elieb ? ajouta-t-elle après un moment de silence. A-t-il succombé dans la lutte ? A-t-il été fait prisonnier des Croisés ?... sa destinée est-elle aussi implacable ?

Une anxiété souffreteuse se peignit alors sur le visage de la jeune fille.

— Oh ! respectable Elvire, lui répartit le serviteur, j'ai combattu à côté de lui toute la veille ; mais en vain. A une heure très-avancée de la nuit, nous avons tous fait une sortie ; mais nous avons presque tous été faits prisonniers. Cependant, le cruel Arnault-Amaury a paru touché de votre position, quand on lui a raconté l'état affreux dans lequel vous avait laissé notre sort ! il a consenti à me laisser partir du camp pour venir vous servir de soutien !... J'ai été ramené dans la ville au moment d'un armistice, les yeux bandés, et n'ai pu par conséquent savoir de quelle manière avait été traité mon bien-aimé maître. Cependant, j'augure qu'Arnault-Amaury l'a pris sous sa protection ! C'est du moins ce que j'ai cru en entendre par la recommandation qu'il en faisait à un de ses officiers subalternes — *Qu'on prenne, a dit ce chef infiniment odieux, tous les soins possibles et imaginables du jeune de Saint-Jacques...* » J'ai combattu toute la nuit, bonne Elvire, parce que j'ai cru, insensé, qu'un moment la victoire voulait nous sourire... Oh ! pardon, pardon donc pour mon erreur, pour mon cruel délire !... j'ai oublié ma foi, trahi mon devoir.... ciel !.. je vous ai laissée seule ici au milieu du péril et du danger : j'avais pour vous, pour monsieur de Saint-Jacques une reconnaissance dont la mesure était sans bornes..........

— Que ta conduite est digne ! cher Elieb.

— Que je voudrais mourir au milieu de ce saint dévouement ! noble Élvire.

Ebranlée par ce sentiment d'ardeur, la fille de Saint-Jacques laissa sur son serviteur, se diriger un rayon de sollicitude maternelle.

Les deux infortunés se contemplèrent ainsi un instant au feu de leur amour et de leur reconnaissance ; puis ils devinrent pensifs.

Alors on eût entendu à travers ce silence sacré, le cri des mourants, la voix plus triste encore des blessés, les vociférations d'une population frémissante dans la ville.

— J'ai peur ! s'écria Elvire... et elle cacha sa tête entre ses deux mains.

— Pourquoi peur ? murmura l'inflexible breton et il examina la lame polie de son poignard. Cette lame brilla dans l'appartement, tourna au-dessus de sa tête, et venant planer au-devant de la poitrine d'Elvire :

— Je jure, dit-il, de guerroyer la nation Impie, de venger le sang de nos seigneurs offensés !...

Un carosse roula dans la rue devant la porte d'Elvire.

III.

Le Camp des Croisés.

Ces tours extraordinaires, ces béliers au front inflexible, ces cuirasses impénétrables , ces tentes pittorestiques et inébranlabl s , ces casques étincelants à la clarté du soleil, cette animation chevaleresque des soldats , et, qui plus est , ces chants patriotiques et religieux à la fois ; tout faisait de cette foule, de ce camp , un objet d'épouvante et d'horreur qui eût défié les places les plus fortes.

Nous prions le lecteur de venir avec nous visiter le camp des Croisés. Cette peinture ne sera pas un ornement inutile à notre narration ; elle lui apprendra comment à cette époque on organisait les systèmes d'attaque et, en lui montrant les plans d'une place forte, lui laissera la conviction que nous ne voulons pas que rien n'échappe à sa mémoire intelligente.

Le Champ-de-Mars de Béziers, aujourd'hui vulgairement appelé Champ-de-Manœuvre est formé d'une surface plane mêlée de faibles détritus de pierres calcaires , de terre végétale ou humus et d'un sable très-fin , étendu sur les trois-quarts de son *aire*.

Il a , dans sa plus grande longueur, environ trois cent cinquante mètres , dans sa largeur qui n'en est pas moins admirable , deux cent quatre-vingts et est entouré de vignes, de jardins, de platanes et d'oliviers. C'est le plus grand tableau des emblêmes guerriers au milieu de la plus luxuriante végétation. — Béziers , s'élève à son côté nord-ouest ; au midi, il donne vue sur la Méditerranée , au nord sur les ramifications des Cévennes et au sud-ouest sur le panorama immense de la Narbonnaise que relèvent les montagnes des Pyrénées et la rivière d'Aude. Au sud-est , il est encore borné par un petit mamelon qui donne accès sur le chemin de Pézenas et laisse voir au voyageur dans une indescriptible surprise , un déploiement d'armes incomparable, quand la garnison se rend à ce lieu d'épreuves pour l'exécution de ses évolutions militaires.

Mais si tel est actuellement le Champ-de-Mars de Béziers , tel il n'était pas à l'époque dont nous parlons. Il avait bien ses vues dont l'esquisse a été déjà donnée ; mais point de bordures de haies , point de jardins , point de doux ombrage. C'était pour ainsi dire comme une lande immense jetée au milieu d'un riche pays. Le chemin de Pézenas était inculte, caillouteux, brisé de fondrières. Il n'avait pas ce qu'il a aujourd'hui : cette double rangée d'arbres qui en font une promenade de délices. La ville de Béziers n'était pas non plus si splendide et si belle. A part la solidité et la conformité de ses remparts qui en faisaient un objet d'admiration, on ne pouvait remarquer que les clochers de St-Nazaire et de St-Aphrodise qui par leur élévation, dominaient ou rehaussaient cet amas de maisons noires, serrées et pour la plus part enfumées. Quelques toitures en tôle et en ardoise contrastaient avec ces demeures semi-mauresques et attestaient du génie pour l'élévation et le beau !...

Les croisés débouchèrent donc par le chemin de Pézenas et vinrent se placer dans ce lieu préféré pour leur combat. Ils en enlevèrent les genets , les bruyères, les plantes parasites et en firent un sol uni et solide où ils pussent établir dignement leurs tentes. La tente d'Arnauld Amaury était au centre du camp ; celle de Dominique le légat, au côté sud, et celles réservées aux autres divers légats sur tout le parcours du côté Est.

Entre mille autres tentes et dans l'enceinte du camp, s'élevaient des machines formidables dont les plates-formes doublées en tôle, résistaient facilement aux épreuves de l'huile bouillante et de la résine enflammée. Quarante mille fantassins, cinquante mille arbalétriers, plus de vingt mille cavaliers peuplaient cet immense champ de bataille. La mort, à son aspect, se montrait si terrible et si menaçante !

Les Biterrois pourtant n'en furent pas plus effrayés. Ils avaient opposé devant tant de forces prodigieuses, d'autres forces non moins prodigieuses encore. On voyait leurs remparts couronnés d'une multitude innombrable de soldats, à la figure calme et décidée. Leurs armures, d'un poli éclatant, brillaient à l'ardeur du soleil et de loin, ressemblaient à un météore de feu placé au-dessus de la tête des croisés pour les menacer de leur courroux. Les chaudières d'eau bouillante, la résine, les gros blocs de pierre, les barres de fer rougies au feu, rien n'avait été négligé pour cette lutte magnanime. Les preux de ce siècle à juste titre appelé *siècle de lumières* n'avaient pas non plus oublié les fossés de circonvallation autour de leur cité, et il fallut un courage indomptable et une haine invétérée de la part des croisés pour oser provoquer tant de défi et tenter tant de vaillance.

Les dispositions des armées réciproques en étaient ainsi, lorsque l'évêque Réginald de Montpeyroux tenta d'une médiation pour ramener ces cœurs endurcis. Il traversa, craintif, une triple haie de piques et de lances et se rendit dans l'église de Saint-Nazaire où, par sa respectable éloquence et sa sainte onction il fit entendre un discours qui eût ramené les cœurs les plus rebelles. On ne lui répondit

que par des insultes et des outrages. Un soldat de la cité ;
prenant son enfant entre ses bras et élevant cet enfant au-
dessus de sa tête : « *Nous mangerions plutôt nos enfants
que de nous soumettre !* » dit-il. — Oui ! nous les mangerions tous ! hurla la foule à la fois.

Alors , désolé de sa tentative , et voyant qu'il ne pouvait
rien sur cette multitude effrénée , l'évêque communiqua
au camp l'insuccès de ses vœux.

— *Quoi,* s'écria l'Abbé de Citeaux : *ils ne veulent pas se
soumettre !... Je jure qu'en Béziers je ne laisserai pas
pierre sur pierre , que je ferai tout mettre à feu et à sang,
tant hommes que femmes et petits enfants et que pas un
seul ne sera mis à merci.* (1) »

Et soudain mille cris d'accents de cor et de trompettes
sinistres retentirent dans les airs et une nuée de flèches et
de traits vint sillonner le ciel. La cavalerie , l'infanterie ,
les machines de siége , tout s'ébranla à la fois et la ville
biterroise disparut un instant dans les cendres. A travers
ce cataclysme, on entendait les cloches de Saint-Aphrodise
et de Saint-Nazaire envoyer à la nation , à la France, leurs
notes désespérantes et tristes ; mais tout demeura insensible. Le sacrifice commencé avec tant d'horreurs se continua avec ses mêmes horreurs et ses inexprimables raffi-
nements. L'histoire qui enregistre les faits avec tant de
ferveur , conservera sans doute avec une religieuse affliction , avec un épouvantable culte cette destruction de
peuples au milieu de l'impassibilité des nations............

Fatiguées ou pour mieux dire , effrayées de leurs luttes
réciproques , les deux parties belligérantes demandèrent
une suspension d'armes et dès lors , on s'occupa d'enterrer
les morts. Les croisés victorieux firent entendre leurs

---

(1) Malte-Brun. *Géographie universelle.*

chants de triomphe , le *Veni Creator ;* les assiégés vaincus, découragés , leurs lamentations et leurs soupirs. La nuit qui se leva opaque et brumeuse ce jour-là , ne put cacher l'horrible tableau ! On apercevait encore de loin , à la clarté de quelques étoiles noyées ; des traits partant des maisons des assiégés et se dirigeant sur le camp assiégeant. Quelques falots, disséminés sur les remparts, laissaient voir aussi la chûte des cadavres tombant d'une hauteur immense pour être honorés de la sépulture.

Le lendemain , lorsque le soleil se montra plus éclatant, la lutte se montra plus affreuse..

IV.

Les Patriotes.

Chantée par les poètes, adorée par les artistes, la patrie a toujours été pour les cœurs bien nés le plus doux des sentiments. En vain l'homme cherche à distraire ses ennuis par des caprices ou des frivolités mensongères l'image du berceau natal parle toujours à son âme. L'Indien se trouve beau au fond de son lointain séjour, l'hirondelle gazouille son nom au bord de sa couche ; le réclus publie ses louanges à travers les barreaux épais de sa prison !... Qu'il serait cruel le mortel qui, au sein d'une digne félicité, ne voudrait pas faire entendre les douceurs de sa coupe.

Revenons sur nos pas ; l'homme qui conte, doit revenir souvent sur son récit : c'est un des droits, si non des devoirs du narrateur.

Quinze jours avant l'époque néfaste dont il a été question, deux hommes enveloppés d'un manteau de drap gris-brun, trottaient sur la route de Béziers à Montpellier et se rendaient à cette dernière ville. L'un d'eux pouvait avoir trente-cinq ans au plus ; l'autre quarante. Le premier montait un coursier noir, à la démarche calme ; le second une jument grise, sortie des haras Mecklembourgeois et à l'air décidée et alerte Ils portaient l'un et l'autre un superbe chapeau surmonté d'un long panache et, à la négligence qu'ils mettaient à la conduite de leurs montures, il était facile de voir la confiance qu'ils avaient en elles et la somme de pensées qui pouvaient les préoccuper en ce moment.

La nuit était encore froide ; on était au mois de mai ; une légère brise agitait la cîme des arbres et liquéfiait le ciel argenté. La mer murmurait faiblement sur les plages d'Agde. Arrivés aux hauteurs de Servian , car nos deux voyageurs suivaient un chemin de traverse , le coursier de l'homme aux trente-cinq ans , s'arrêta , flaira le sol et poussa un hennissement prolongé que les échos répétèrent.

— Je te dis , Raoul, que nous suivons bien ses traces !

— Il est possible , maître , répondit le domestique de cette voix qui sied si bien aux hommes d'une obéissance passive , et il ralentit le trot de sa monture.

— Mais, continua-t-il encore, au pas dont nous allons, il n'est pas probab'e que nous puissions le rejoindre avant d'arriver à Montpellier.

— N'a-t-il pas affirmé , objecta vivement l'allié de Roger que notre point de ralliement , c'est-à-dire le point de notre attente serait à la Tour de Valros.

En effet , on voyait se dessiner une masure noire sur une montagne conique et qui grandissait à l'œil des voyageurs à mesure qu'ils en approchaient.

C'était cette fameuse Tour que les Anglais auraient achetée à prix d'or deux siècles plus tard et qui se serait prêtée si bien à leurs systèmes de concussions. (1)

— Maître! se prit à crier l'esclave : la Tour de Valros!...

Les deux voyageurs descendirent de leur monture , les prirent par la bride rutilante et gravirent l'humble colline où ne croissait aucune plante , où ne poussait aucun arbre, mais d'où cependant la vue s'étendait fort au loin. Arrivés aux trois-quarts de l'ascension déserte , ils tournèrent

---

(1) Chronique et tradition locale.

comme par un instinct machinal leurs regards vers Béziers ; ils virent briller à travers le bleu firmament une clarté céleste qui vacillait tantôt et qui paraissait tantôt immobile. Cette clarté semblait embraser la tour St-Nazaire.

— Maître ! se prit encore à crier le curieux Raoul : quel est ce feu qui brille dans le lointain ?

— Ce feu, ce phare, répondit Rodolphe, c'est le signe de notre détresse. (1)

Les voyageurs avancèrent encore de quelques pas et se trouvèrent devant les murs démantelés.

La Tour de Valros est d'origine romaine ; elle n'offre rien au lecteur qui puisse lui être signalé... Des murs imposants, des vestiges de poteries antiques, quelques traces d'éruptions volcaniques, certaines excavations souterraines, une fontaine presque toujours jaillissante et puis des lierres et des lichens courant ou serpentant à travers cette masse de ruines et de décombres : voilà tout ce qu'on peut admirer aujourd'hui d'un monument dont l'érection sera presque toujours mystérieuse.

Avec ses murs flanqués de grosses destructions et son *culte* plusieurs fois séculaire, la Tour de Valros reste comme un problème irrésoluble à la face et aux yeux de la société curieuse et avide de savoir....

Les voyageurs attachèrent leur monture à un pan de mur croulé, surplombant sur un fossé circulaire et ils se confièrent dans l'enclos. Ils tirèrent leurs sabres en hommes qui suspectent leur position, et ils franchirent la porte latérale qui donne vue sur le Midi et que l'on voit exister encore.

----

(1) Je crois avoir lu dans un auteur de *biographie* que les habitants de Béziers avaient allumé certain feu sur leurs clochers comme signe de leur détresse, un ou deux jours avant le *sac.*

Je donne ceci comme réminiscence et non comme fait historique.

Le silence le plus parfait régnait dans l'établissement.

— Oh ! ingrat Paul , s'exclama Rodolphe à cette grave inconséquence : que n'es-tu plus exact !... Que l'amour de la patrie ne parle-t-il pas plus à ton cœur !...

La vallée seule répondit à cette imprécation sacrilége.

Les deux voyageurs se régardèrent un instant comme terrifiés par le désappointement ; frémirent autant de haine que d'impatience et ils se disposaient à partir , lorsqu'un son de cor attira leur attention dans la direction de Pézenas.

— C'est lui ! dit Raoul ; lui !... le frère de votre bien-aimée Elvire....

Rodolphe tira de sa poche une autre sorte de conque recourbée et envahit la plaine d'un son criard et continu. Soudain , les pas d'un cavalier sur le chemin de Pézenas à la Tour se firent entendre ; puis , ces pas se modérèrent , se ralentirent et un homme gravissant la montagne et suivi d'un cheval se présenta à eux.

— Que Dieu te bénisse !... Paul , dit Rodolphe consterné ; nous commencions , déjà à douter de ta foi , de ton expérience.

— Oh ! malheureux !... murmura de Saint-Jacques ; venez et convainquez-vous du plus infâme des complots , du plus barbare des actes.

Les fidèles défenseurs de Béziers qu'un même lien d'amour unissait s'enfoncèrent dans une excavation souterraine sise au milieu de la tour.

Un frisson de terreur traversa l'âme de Rodolphe ; quelque chose comme une noire appréhension , un funeste pressentiment troubla ses sens .

— Un repaire de brigands !... s'écria-t-il ; un réceptacle infernal des anges de ténèbres !....

— Un saint asile, opposa Paul, profané par les plus exécrés des cannibales.

Un flambeau de résine eût bientôt éclairé le sépulcre antique et les patriotes virent à la clarté d'un foyer expirant, comme des restes de chairs humaines.

— Horreur !.... s'écria Raoul.

Leurs sabres brisèrent leurs flamboyants éclats dans l'espace et Paul rénuméra à cette spectrale excursion les motifs de son séjour dans cette grotte.

— Oh ! dit-il ; combien j'ai dû employer de subterfuges pour m'en sortir !... Que de menaces !... que de terreurs !... Ils ont juré de nous passer tous au fil de l'épée !... oh ! patrie, patrie chérie, Béziers !.. berceau de mes pères, que n'ai-je assez d'amour dans mon sein pour t'y enfermer tout entier et mourir avec toi !

La lune avec ses rayons brumeux perça dans la voûte sombre ; les voyageurs furent rappelés à leurs affaires extérieures.

— Raoul ! observa Rodolphe à son domestique : va veiller sur les chevaux ; j'ai quelque chose de particulier à communiquer à de Saint-Jacques.

Le domestique sortit ; Paul et Rodolphe restèrent alors seuls dans la caverne.

V

Les Mystères de la Grotte.

Secrets profanes, vœux sacrés, engage-
ments solennels, que vous trouvez du
bonheur à vous épancher au sein d'une
nuit profonde et en présence des merveilles de la Divinité !...

Ils s'assirent sur un roc de basalte saillant dans un des angles des murs et ils entamèrent la conversation suivante :

— Ne crois-tu pas , dit Rodolphe, que mon cousin Roger soit ébranlé par les propositions que je lui ferai ? Penses-tu qu'il s'obstine à verser le sang de ses peuples en vain ?... Enfin , ne le penses-tu pas humain et généreux comme les autres hommes ?

— Roger humain !.. reprit Paul , Roger généreux !.. oh !.. non ; il est sans pitié ! Quand quelque chose d'antipathique à ses goûts ou à son orgueil est venu froisser son amour , il devient cruel.

— Mais , si je lui faisais entrevoir l'inégalité de la lutte, les dangers auxquels il s'expose, le besoin qu'il a de se soumettre enfin ?

— Inutile projet ; vaines tentatives : la haine *religieuse* est trop profondément invétérée dans son cœur pour qu'il entende jamais modération.

— Détestable cousin ! s'écria Rodolphe ; détestable cousin ; je te retirerai tout mon amour. J'emploierai à ta propre perte tout ce que ma riche Narbonnaise possède d'or et de grand !... Je corromprai même cette jeunesse valeureuse sur laquelle s'appuie ton bras.... Et ma Liba, ma Liba même, elle qui a fait frémir les sables brûlants du désert, ne te donnera point sa valeur.... Quand tu te lèveras seul, horrible allié de ma famille, toi que mon oncle Raymond bénît tristement dans ses malheureux jours, tu tomberas seul aussi, parce que tu auras été seul coupable.. — Nos pas seront donc inutiles, de Paul ; qu'irons-nous faire à Montpellier ?

— Les souffrances de l'humanité ne doivent-elles pas être notre partage ? En embrasser l'amertume, n'est-ce pas un précepte ?

— Qu'il est doux de te louer ainsi !.. Que tu est admirable dans ta conduite, Paul !... Cependant, si j'allais prier le roi d'Aragon, le comte de Toulouse, le roi de France au besoin, notre démarche ne serait-elle pas plus fructueuse?

— Vaines tentatives encore : le bouclier de Saint Pierre est lévé : la France doit s'épurer au creuset des *guerres religieuses*.

Oh ! espérance, oh ! patrie, reprit encore Rodolphe... *Toi* que j'adore, je ne pourrai donc plus vous sauver !...

— Fais trève à tes idées singulièrement romanesques, Trencavel, lui opposa de Paul : ne sais-tu pas que les Athéniens ne furent souvent vaincus que parce qu'ils étaient trop vaniteux, que parce qu'ils s'adonnaient trop aux femmes ?...

— Aux femmes ! répliqua étrangement Rodolphe; celle pour qui je vis est un ange du ciel : elle ne mérite pas de porter ce nom trop trivial ici-bas.

— Quelle est donc cette héroïne qui a pu captiver tes

sens, dompter ta raison, Rodolphe!... Ta question m'intéresse!

— Ah! reprit Trencavel avec un accent tout sympathique : son nom est écrit en lettres ineffaçables dans le livre de ta vie..... c'est une de tes parentes les plus proches,... ta plus digne alliée.

— Serait-ce par hasard ma cousine de Montfort ou ma nièce de St-Jacques?

— Plus que çà, Paul; elle te tient par les liens les plus étroits de l'honneur et de l'amour : c'est!.... oh! mon Dieu!... c'est ta sœur.

— Ma sœur!... Elvire!... s'écria vivement Paul. Oh!... ma sœur n'embrassera jamais les inextricables difficultés du mariage!

— Pourquoi pas, Paul! Craindrait-elle les préjugés de ma caste, mon nom redouté dans la Roumanie?

— Rien de tout cela, Rodolphe; Elvire est consacrée au Seigneur par un culte particulier!

— Consacrée au Seigneur .!.. hélas!... Qu'est-ce ?... Que signifie cet engagement méconnu dans nos lithurgiques réformes?

— C'est son vœu monastique et pas plus.

— Son vœu monastique!... tel est le tombeau dans lequel vous engloutissez les âmes dont l'émanation pourrait être un jour expiatoire aux yeux de la divinité. Vous enterrez les victimes, de Paul, dont l'encens parfumé pourrait tenter le ciel!

— Ces holocaustes qui brûlent en silence, Rodolphe, sont les plus purs et les plus persuasifs.

— Oh ! s'écria Trencavel avec l'accent désolé : j'ai donc succombé?

— Pourquoi succombé? reprit vivement de Paul. N'as-tu pas l'espérance qui relève et qui console?

— Espérance !... comme tu berces mes illusions erronnées !... fit entendre Trencavel avec son regard au ciel... Tu viens agiter mes nuits , et mes nuits sont toujours tristes ! L'homme suppose, mon Dieu, et tu dissous; il invente et tu détruis ; il suppute et tu brises ; il dort et tu sommeilles !...—Hélas ! embrasse-moi, Paul, ajouta-t-il consterné, et que l'amitié seule nous guide. Je ne songerai jamais plus à Elvire que lorsque Béziers sera anéanti ou triomphant.

Les deux amis s'étreignirent ici dans une accolade exclusivement sentimentale. Ce n'était pas ce baiser qui se donna à la tribune en 89 !... Oh! non ; ce n'était pas cette trahison sous le masque de l'ingénuité et de la confiance , cette hypocrisie sous le rayon de la sincérité et de l'amour! C'était l'effusion de deux âmes identiquement les mêmes , de deux cœurs tendant au même but , s'immolant pour une même destinée ! La nuit vit ce pacte sacré : la grotte en conserva longtemps le souvenir. Une inscription gravée au milieu des stalactites pendantes apprit au voyageur égaré les mystères de l'ineffable bonheur, mêlés aux appréhensions les plus tristes. De nos jours encore , le visiteur voit parmi les trèfles et les guirlandes s'épandant à travers les murs des inscriptions que peu à peu le temps efface. Comme nous, il contemple avec respect et salue cette majesté déchue. Le mystère l'intrigue ; l'antiquité le surprend !...

— Partons-nous ? dit Paul à Rodolphe après quelques instants de silence : le temps presse; le retard dans nos affaires pourrait amener des causes de fâcheuse conséquence!

— Je voudrais être déjà éloigné ! répondit celui-ci, que le désespoir de plus en plus envahissait.

Ils quittèrent la grotte et se trouvèrent bientôt sur le vaste préau.

Le domestique et les chevaux avaient déserté l'établissement.

— Qu'est-ce? se dit mentalement Paul... Que signifie ceci ?... La vicomté n'est donc plus un lieu sûr pour les âmes nobles et magnanimes?...

Une bande inconnue les entoura et ils furent sommés de se rendre.

— Je suis Rodolphe ! s'écria vivement le cousin de Roger.

— Rodolphe ! répéta timidement la bande ébahie, et elle s'inclina devant son chef qu'elle humiliait insciemment.

— Pourquoi vous exposer ainsi, noble capitaine ? lui dit un des chefs de la troupe.

— Les intérêts et les considérations de la patrie l'exigent. Quel est votre emploi, en ce lieu sanctifié ?

— Nous formons *décurie* de la garde d'Etienne de Servian (1). C'est lui qui nous a envoyés en ce lieu.

— Etienne de Servian ! reprit Rodolphe. Ah ! le malheureux... Que n'est-il plus humain au lieu d'être si bar-

______

(1) Etienne de Servian était un des principaux vassaux de Roger. L'acte qui lui confère la garde de la tour de Valros, est ainsi conçu :

« *Podium castrum vel forcia de Valrano, cum pertinentiis, affrun-*
» *tat ex una parte in camino discurrente de Biterri ad Pedenacium, ex*
» *alid, in camino discurrente de Santo-Tiberrio ad St-Mariam de*
» *Fraximo.* » *(Hist. de Lang., t. XIV, pro. p. 187.)*

bare !... Qu'est devenu mon domestique ?.. Raoul !... à moi , Raoul !

Le serviteur que la frayeur paralysait se détacha du groupe au retentissement des chaînes qui rivaient son adorable liberté.

— Rentrez , rentrez dans vos foyers , dit Rodolphe aux sbires. N'oubliez pas , n'oubliez pas que le sang des martyrs , des victimes trois fois adorées va couler.... Malheur à qui en aura provoqué l'effusion ; malheur au valeureux soldat qui aura enfoncé son épée dans la poitrine de son frère, au héros qui aura ravi les espérances d'une épouse...

Au milieu des plus tristes appréhensions , les trois voyageurs franchirent les nombreuses aspérités du versant opposé de la montagne et sous peu , ils se trouvèrent sur le chemin de Pézenas.

Le temps qui jusque-là avait été sec et presque froid , passa à l'état de température modifiée et adoucie ; quelques vapeurs roussâtres s'élevèrent à l'horizon.

— Ne dirait-on pas , essaya de demander Raoul que nous sommes à la veille de quelque grand orage ?...

En effet, un immense éclair cinglant le ciel du Nord au Sud, répondit à cette première interrogation.

Le domestique fit un signe de croix et activa le trot de sa monture , exemple que ne tardèrent pas à imiter ses compagnons.

Les éléments en fureur, fit observer Paul, sont moins à craindre que les conspirations des hommes quand elles sont iniques et vengeresses. De mémoire même fort bonne, on n'avait jamais vu une guerre pareille à celle qui va fondre sur le Languedoc , et notamment sur Béziers. La branche Carlovingienne a bien offert de ces luttes où la question *cléricale* était aux prises avec le pouvoir libéral ; mais jamais l'animosité et la malice n'étaient montées à un si haut point. ! Il semble aujourd'hui que la vengeance soit l'arme privilégiée sous laquelle doivent marcher toutes les haines et toutes les infâmies ! On massacre les prêtres, on égorge les évêques, on pose les plus puissants défis aux papes, et l'on s'étonne ensuite que l'*union catholique*, notre union, soit ébranlée de ces étranges commotions?... Eh ! mon Dieu !... où veut-on donc en venir? Hier, un infime brigand sapait les jours de Pierre de Castelnau ; la vie de Dominique, notre illustre légat, a été menacée, même au milieu de la vénération générale dont elle est l'objet........ Oh ! France !... Oh ! Rome persécutée et affligée, qui ne voudrait vous bénir !... Non, aucun bon chrétien ne maudira jamais le bras menaçant que vous tenez suspendu sur nos têtes... Le fils qui tourne des regards de courroux vers son père, mérite châtiment ; la Fille qui oppose aux caresses chastes d'une Mère, une suspicible gratitude, mérite la mort ; elle mérite plus ! elle mérite l'ana-thême.....

Ce mélange de philosophie séraphique chatouilla vive-ment Rodolphe.

— Que tu es papiste !... dit-il en se tournant vers Paul.

— Que tu es arien !... répondit celui-ci.

Et devisant ainsi, nos fiers athlètes étaient déjà arrivés à Pézenas. En effet, la flèche du dôme gothique de l'église Saint-Jean se dessinait bizarrement à travers les éclairs sulfureux du ciel ; une pluie battante soulevait la poussière de la route et rendait la respiration impossible. Ils entrèrent dans une vieille auberge.

VI.

Le Lion d'Or.

Chaque étape qu'ils faisaient était la marque la plus évidente de leur chute.

Rien qui décelât l'hygiène et la propreté dans ce taudis de l'ancienne *Châtellenie : Castrum de Pezenaco*. Quelques chaises délabrées, quelques tables vermoulues ; certain lustre appendu au mur et dans le sein duquel brûlait une bougie à demi consumée : tel était le pauvre luxe étalé dans ce réduit confortable où le Dauphin Charles, deux siècles plus tard, devait venir humer un mauvais verre de Malaga. Nous le dirons sans crainte et sans hésitation : Pézenas est resté longtemps sans avoir d'auberge propice !... Et cependant la ville est industrieuse, et les nombreuses routes qui la croisent et le chemin de fer qui va bientôt la côtoyer, en feront une de nos recommandables cités.

Nous formons des vœux pour que cette *belle perle du Languedoc*, ainsi que l'a dit un auteur Provençal, se trouble à la vue de son antique décadence et tende les bras au génie qui les lui ouvre si gratuitement.

Nos aventureux furent moitié logés, moitié hébergés

au pied d'un feu de bruyères et laissèrent, pleins de mélancolie, sécher leurs vêtements, tandis que la tempête vomissait au loin ses bruyantes rafales.

Les chevaux furent menés dans une écurie où ils dévorèrent une orge fraîchement coupée.

— Qui êtes-vous, dignes seigneurs, leur demanda une pauvre duègne, vieille hôtesse aux soixante et dix ans, et pourquoi vous êtes-vous attardés ainsi, tandis que nos voies et nos chemins sont l'objet de la plus dévastante *maraude* ?

— Nous sommes des voyayeurs dont la mission est divine, lui répondit Paul, et dont le caractère ne saurait être apprécié que par des esprits forts.

Cette sortie aussi hautaine qu'intempestive eût ébranlé tout esprit autrement sceptique que celui de la vieille, qui, sans souci de l'inconvenance, continua sur le même ton :

— Ne savez-vous donc pas que le 22 de ce mois, on doit faire une *razzia* complète de Béziers et de Carcassonne ?

Un frisson d'horreur parcourut tout le corps de Rodolphe ; dans un moment de fébrile rage, il sentit le sabre qu'il tenait assujetti à son joli baudrier, tomber sur le sol et rendre un son mat et sourd.

— Vieille Proserpine ! invectiva-t-il de sa voix de tonnerre : l'avenir ne saurait t'être connu.

— L'avenir ! Oh ! non, reprit l'hôtesse ; mais je parierais cent contre un que le monceau de cendres qui s'élèvera sur Béziers le 22 de ce mois, sera aussi grand que mon mamelon vert.

Et de sa main étique et que couvrait à demi un lambeau de toile toute déchiquetée, elle montrait à travers les fissures sans nombre de la porte, une humble colline qui était visible en ce moment aux lueurs de l'orage.

Soit coups de tonnerre, soit animation du colloque, le majordome quitta soudain son grabat de paille pourrie et vint ajouter à cette scène fulminante par ses imprécations plus fulminantes encore.

— Sang du Christ ! vomit-il, en descendant un escalier détérioré et dont les planches craquaient à chaque mouvement de ses pieds : la divinité parle sur vos têtes, sa gloire tonne dans les airs, sa puissance mugit sur toute la surface de la terre, et vous, mécréants de Juifs, toi, radoteuse de furie, vous faites un tapage infernal dans ma maison ?... Où est-tu, Marie, ma détestable femme, et qui as-tu logé chez moi ?... Et, tout en vociférant ainsi, l'hôtelier était arrivé à la dernière marche de l'escalier, au bas de laquelle se trouvait une faible grille qui permettait de voir dans la cuisine sans être vu.

— De riches seigneurs !.. dit-il, en allongeant son nez pointu et effilé à travers les fers déliés de la lucarne... de beaux cavaliers !.. sans doute, quelque opulent de la Narbonnaise !.. Oh ! pour le coup, on ne dira plus, à partir de ce jour, que l'auberge de Pierre Renaud est une auberge sale et rétrograde... Oh ! la bonne aubaine ! — Riche domaine de mes aïeux, ajouta-t-il : tu vas gagner en honneur, en sagesse et en vertu !

Et ce disant, l'avare du siècle, s'affublait d'un vaste tablier sale et détestable, surmontait sa tête d'un bonnet crasseux et dégoûtant, racommodait les mêches de ses cheveux isolées sur son visage et retroussait les manches de sa chemise, encore maculées de certain saupiquet fait dans la veille.

— Bonne venue ! sérénissimes cavaliers, fit-il encore

en entrant dans la salle : que le Tout-Puissant vous ait en sa sainte garde : l'orage qui éclate dans les airs, certes, n'eût pas mérité de souiller le moindre cheveu de votre tête.

Paul comprit l'espèce de panégyrique feint et obséquieux adressé par son hôtelier. Il se leva de dessus son siége et rendit à *Harpagon* son salut, avec cette afféterie équivoque qui plaça un point de défiance et de trouble dans le XIIIe siècle, qui faillit faire sombrer et déchirer le nôtre.

Renaud fut assez bon pour ignorer où paraître ignorer la duplicité de son hôte et vint prendre place à côté du foyer sur un escabeau de bois de chêne.

— Quel est l'*insigne* que vous portez à la boutonnière ? continua de lui demander le fils de Saint-Jacques, dans un langage ingénu.

C'est, répondit Renaud sur le même ton, la marque évidente de notre *ralliement* sous les bannières de la croisade.

— Vous faites donc partie des *égorgeurs,* vous aussi ? essaya de persister de Saint-Jacques.

— Dites des fils aînés de l'Eglise pur sang , opposa l'hôte, dans son laconisme affecté.

— Quel est l'objet de votre coalition ? Renaud, quel en est le but, dit de Paul ?

— L'objet de notre coalition est la Morale ; son but est le gain des indulgences et la destruction des *hérésies !*...

— Singulières tendances ! étranges fins ! reprit de Saint-Jacques. La morale veut-elle le meurtre, hôtelier ? les indulgences commandent-elles le sang ?

— Tenez ! lui dit le majordome habile, sans forme de préambule aucun ; lisez !...

Et en même temps il lui présenta un frais parchemin aux angles duquel brillaient les armoiries de la cour de Rome et au bas, la signature de Dominique.

« *Nous*, était-il dit dans ce bref, *Dominique, Légat du*
» *Saint Siége Apostolique, par la grâce de Dieu et la vo-*
» *lonté toute puissante de notre vénérable Pontife, Inno-*
» *cent III, accordons indulgence plénière et entière à qui-*
» *conque s'armera pendant quarante jours, pour dissiper*
» *ou mettre en fuite l'hérésie toujours croissante.*

» *Donné à Rome, en notre palais épiscopal, sous notre*
» *seing et le sceau de nos armes,*

« DOMINIQUE. »

— Le bref est explicite, hôtelier, reprit de Saint-Jacques. Dissiper et mettre en fuite ne veulent pas dire massacrer et égorger ; ils signifient gagner par les remontrances évangéliques, par les prédications, par tous ces moyens d'onction et de douceur que Dieu a placés dans le cœur des hommes, la haine des méchants ou le courroux des coupables avant que d'en venir aux mesures sévères et décisives.

— Cependant, maître et seigneur, ajouta l'aubergiste avec un ton zélé : comment avoir égard à cette *secte*-là ? Voilà encore la table ou s'assit naguère,.... que dis-je ?.. où vient de s'asseoir Pierre de Castelneau, et pourtant, ce dernier vient de périr misérablement en passant le Rhône près de Saint-Gilles !

— Soyons tolérants, Renaud ; soyons tolérants !... lui opposa de Saint-Jacques. La tolérance est la loi du chrétien.. — Eh ! ajouta-t-il, en faisant comme diversion à cette saillie par trop politique : s'il y avait à Béziers des âmes charitables, des âmes ardentes de foi et d'amour chrétien, que feriez-vous, Renaud ?

— Oh ! reprit l'aubergiste plein de gratitude et de reconnaissance : il n'y a à Béziers qu'une seule famille sur laquelle se portent tous les regards de la province et les miens en particulier, et cette famille est la famille de Saint-Jacques. L'an dernier, à l'époque de la foire de Montpellier, je fus assez heureux, je crois, pour loger ici la jeune fille Elvire ! Quel ange de pureté, de douceur et d'innocence ! Si je trouvais le moindre ribaud qui attentât à ses jours ou aux jours de quelqu'un des siens, je lui passerais ma vieille épée à travers le corps !..

Et le bon Renaud montrait aux inflammables transports de son âme, une vieille rapière suspendue à la muraille et qu'agitait, en ce moment, le vent qui s'engouffrait avec grand bruit par la porte.

— Il y a donc quelqu'un qui mérite vos sympathies, à Béziers, Renaud ?

— Oh ! oui,... au moins cette famille-là !.. — Bonne Elvire, ajouta l'hôtelier, dont le nom, mêlé aux bienfaits si doux, resteront incrustés ineffaçables dans mon âme !....

L'hôtelier n'était pas assez bon physionomiste ni assez bon connaisseur ; s'il eût réuni la moindre de ces qualités là, il eût vu une larme d'amour et de reconnaissance briller à la joue de Saint-Jacques.

A ce nom d'Elvire que Renaud venait de laisser tomber sincèrement de sa lèvre, un homme qui écrivait assidûment à une table se leva, poussa un soupir, puis un frémissement d'angoisse et de crainte erra sur sa bouche.

— Vous êtes donc bien bon, Renaud, continua à demander de St-Jacques : vous n'accompliriez les massacres qu'avec

le regret de faire périr ceux qui vous seraient chers !..
Eh ! ne savez-vous pas que l'Evangile nous fait un précepte de ne pas verser le sang de nos frères à quelque
degré qu'ils méritent notre haine, ou à quelque point qu'ils
aient suscité notre vengeance ?..

— Pourquoi s'en veulent-ils prendre à Rome, seigneur ?.. La ville éternelle n'est-elle pas la ville du Saint
et du Juste ?.. Ah ! malheur à qui y touche !... Et puis,
voyez le livre sacré ! n'a-t-il pas dit, ce livre : *Respectez mon
Christ ! Ne touchez pas à mon arche ?* Néanmoins, que d'é-
motions injustement données !.. que de transes !.. que de
soucis !... Voyez le Saint-Père !.. que ses jours sont dé-
solés !.. Autre Socrate, n'a-t-il pas déjà trempé sa lèvre
dans la coupe poignante ?.. Vieillard au sort touchant,
dont la gratitude est la seule arme vengeant ses oppresseurs, dont le danger ne fait encore que rendre plus chère
sa vie !...

— Oh ! Renaud, dit de Saint-Jacques à l'hôtelier avec
un regard dont l'amitié ne donnera jamais une manifestation semblable : vous n'avez pas ici devant vous un sbire
soudoyé pour terrifier la justice, un saxon payé pour dé-
nicher ceux qui vouent leur existence à la conservation
du berceau romain ; glorifiez-vous : vous avez devant vous
un véritable *ami* de la liberté, un noble conservateur de la
noble *indépendance*, un protecteur et un sauveur de la *foi
traditionnelle* injustement traquée. Voyez et admirez ,
Renaud !

Et de Saint-Jacques déboutonnant. sa côte-d'armes
montra à Renaud ses insignes de chevalerie et le blason
de sa famille.

— De Paul ! dit le résidant des rives de la Péine ,
de Paul !.. le fils de mon bienfaiteur de Saint-Jacques !...
le frère de la bien-aimée Elvire !... oh! fortune!...

Et se confondant ainsi en amour et en reconnaissance, le majordome exprimait aux genoux de Saint-Jacques par ses larmes et par ses soupirs , l'émotion chaleureuse dont il était animé.

Sa femme, confondue par tant d'ingénuité, extasiée par tant de surprise, restaît comme fascinée sous le charme d'une muette contemplation.

Il y eut un de ces moments de joie et d'allégresse extatiques dont le pinceau de Bernardin de St-Pierre ne saurait que donner une imparfaite esquisse.

— O vous ! ajouta Renaud : ne vous exposez pas ainsi à Béziers : la haine des méchants est si forte, leur vengeance si effrénée.

— Ne savez-vous pas, répliqua de Paul, que la patrie est en danger, et que la défendre , est le premier devoir du chrétien ?

— Où sont donc les liens de l'amour et de la famille ? insista Renaud. Vertu ! où est ton prestige ? Honneur ! que devient ton nom ?... Vous appuyez l'hérésie , seigneur, et vous oubliez qu'en agissant ainsi , vous cessez d'être enfant *romain ?*

— La charité , Renaud , la charité nous commande de secourir nos frères quand ils sont dans l'infortune !...

— Oh ! généreux maître !... objecta l'hôtelier , généreux maître !... volez, volez vers Béziers ;... oui ! protégez la ville , secourez-la , sauvez-la si vous pouvez. Pour moi , je volerai aussi vers votre vieux père ; je seconderai votre jeune frère , je protégerai Elvire... Elvire ! ce nom est si doux , quand on songe que le ciel semble vouloir l'abandonner , tandis que la terre l'admire et se lève pour le défendre.

— Sublime reconnaissance ! s'écria de Paul totalement ému : les services que vous rendrez à la famille de Saint-Jacques, Renaud , seront autant d'actions charitables dont le ciel vous saura fort gré... — Tenez , ajouta-t-il , après un moment de pause : voilà une bourse ; vous aurez là de quoi salarier ceux qui s'armeront pour notre cause.

—Hommage offert à l'amitié ! balbutia Renaud en baisant les mains de son généreux bienfaiteur et en s'emparant de la bourse rutilante : l'esclave ne saurait exiger une rançon plus forte de son maître !

A ce d'Elvire répété à deux fois , l'homme que nous avons signalé écrivant à une table , se leva de nouveau , brûla un bout de cire verte à la chandelle , et, en cachetant une lettre , il frappa d'une manière impie le bois séculaire sur lequel il était accoudé : — Non ! dit-il : elle ne périra pas !...

Cet homme , ami lecteur, c'était Rodolphe ; vous n'avez pas tardé à le comprendre ; vous l'avez sans doute compris. Le descendant des Trencavel , le digne héritier de ce nom, par son aïeul Raymond et sa tante Adélaïde , avait , dès le début de son voyage , promis à Elvire de la tenir au courant de ses affaires , même les plus intimes. Dans un entretien particulier qu'avaient eu ces deux infortunés , ils s'étaient juré une correspondance réciproque : — Je vous parlerai de votre père , de votre sœur , Rodolphe ; vous m'entretiendrez de mon frère , lui avait dit Elvire.

Ce pacte , fait à la clarté des étoiles et dans la pureté de consciences heureuses, avait été mis au prix d'un devoir très-rigide à remplir. Rodolphe n'eut su sortir de cette ligne de démarcation où il y allait de tout son honneur de chevalier et d'amant dévoué. Ainsi, sans s'en rendre compte, ces deux créatures s'étaient jetées pour ainsi dire dans un océan de tourments dont l'avenir seul devait leur dévoiler le mystère. On aura beau nous objecter : l'amour naît souvent de choses passagères ; dans ce foyer toujours ardent les plus petites conséquences allument souvent les plus grands incendies !... Rodolphe ne parut pas content depuis le jour qu'il quitta Elvire ; son humeur jalouse et inquiète le rendit morose et rêveur tout le reste du voyage. Arrivé à Pézenas, il trouva dans la réception que leur fit Renaud, l'occasion favorable de mettre à exécution ses desseins. Cet aubergiste avait été si cruel et partant si brutal ! Et puis, à la Tour de Valros ?... Oh ! fatale Tour !... Sa pensée se brisa à cette réminiscence de tristesse ; son âme lui parut tomber d'une hauteur dont la chute lui devenait immense, incommensurable. Il mordit sa lèvre, sentit son corps frémir et se retira instinctivement au fond de la salle où la clarté du quinquet n'arrivait que faiblement, où les animations du colloque n'arrivaient que faiblement aussi. Là, il chercha d'abord à tempérer sa douleur... Elvire !... oh ! Elvire, qu'allait-elle devenir ? Après avoir fait cet examen sur ce qu'il avait de plus cher en ce monde, Rodolphe versa des larmes. L'héroïsme de son caractère ne put pas l'emporter ici sur la faiblesse de sa nature. Lui, le fier champion de Carcassonne et de Béziers, la gloire des comtes de Toulouse et de Foix, ne sut pas être fort !... Il essaya vainement d'écrire : rien ne lui retraçait des mots ; rien ne lui prêtait des idées. Sa pensée flottait dans un vague infini, vague d'épouvante et d'horreur !

— Humeur acerbe et atrabilaire ! s'écria-t-il : quand me quitteras-tu ?... Qu'ont tant fait les hérétiques ?... Pourquoi cette persécution si injuste ?... La loi d'Abraham

d'Isaac et de Jacob n'est donc plus la loi de l'humanité ?...
Illustres et saints Patriarches, où êtes-vous ?... Bible ! code
sacré de toutes les vertus et morales et chrétiennes , où
sont tes préceptes ?... Oh ! Confucius !... Oh ! Socrate !...
Oh ! Platon ! vous aviez beau être des hommes justes !
Rome!... Rome athée et inique, ton anathème ne sera pas
le palladium par lequel tu arriveras à planter ton règne dans
le monde. Non ! ce n'est pas par les concussions et les
injustices que se fondent les empires ! Le Sauveur de
Nazareth a régné par la patience et la douceur... Qu'elles
sont criminelles , tes lois !... Comme il y a du fiel dans ta
conduite ! Si tu es la fille aînée de l'Eglise, comme le disent
tes *zélés* sectateurs, pourquoi n'avoir pas la clémence ? La
clémence ! c'est l'échelle de gloire par laquelle le Christ
est descendu sur la terre. La clémence ! devrait être ton
partage à toi, oh ! Reine impie... Oh ! que n'ai-je l'avan-
tage de pouvoir briser une lance avec ton orgueil et ta
vanité : du moins , je ferais ressortir devant le monde, les
traces de ton infâmie et les éclatantes étincelles de ton
mensonge.

Et cet examen de pessimisme injuste assuré, ces réflexions
de philosophie et de scepticisme odieux faites, Rodolphe
s'apaisa. Le sang qui bouillonnait dans ses veines , cessa
ses turbulentes attaques ; sa quiétude devint douce et
sereine ; sa pensée se reporta avec joie et complaisance
vers ces temps où l'espérance enflammait son amour, où
la joie berçait doucement sa raison. Il vit Elvire dans un
coin du jardin savourant avec lui la gracieuse brise du
soir sous un vieux sycomore , lui demandant, pleine de
rayonnement, un résumé consciencieux des excursions de
son voyage. Il la vit comme elle lui était apparue , à cette
époque de triste désolation , belle, avec ses dix-huit ans,
sa chevelure noire et légèrement ondulée , son teint divine-

ment colorée, sa taille svelte et assouplie et tous ces attraits, ces attributs recouverts d'une grâce et d'une majesté saintes ! Oh ! de terrible qu'il était alors, il devint clément et doux ; d'insensé, pitoyable ; d'intolérant, judicieux et sage. La réaction qui se fit en lui fit de sa nature une nature tendre et rajeunie. Combien d'hommes aux passions ardentes, à l'indolente insensibilité ont changé de tempérament en présence d'une femme et surtout d'une femme aimée ! Il écrivit dès lors ; mais ce ne furent plus la diatribe et le mensonge, l'ignominie et la perversité : ce fut l'affliction profonde mêlée au charme de l'amour, la crainte de contrarier et le désir de plaire.

Nous donnons sa lettre au lecteur :

Pézenas, 1er juin 1209, 11 heures du soir.

« Ma chère Elvire ,

» Quelle mer de découragement et d'affliction dans
» laquelle je nage !... Mon espérance , si belle et si
» suave à mon départ , est plongée aujourd'hui dans un
» océan de tristesse dont je ne saurais approfondir
» l'abîme ! Partout je vois écrit en lettres ineffaçables le
» gouffre fatal dans lequel nous allons nous engloutir !
» Que ferez-vous, enfant du ciel , au milieu de ces cata-
» clysmes qui menacent de déchirer le monde ?... Si je
» vous conseille de fuir , je vous donne là sans doute un
» avis qui sympathise mal avec vos idées de magnanimité

» et de franchise... Si je vous engage à rester, quel est
» ce calice d'amertume dont je vous présente la coupe
» empoisonnée?... Votre père mort, votre frère mort,
» vous peut-être morte aussi !... Oh! pensée de toute
» ma vie !... Elvire !... Cette réflexion est trop forte pour
» que j'en sonde tout le mystère...

» Interrogez, interrogez, dans le fond de votre sagesse,
» la route que vous devez prendre !...

» La chute est inévitable, Elvire !... la trahison se
» montre partout ; l'impiété et l'injustice semblent préfé-
» rées à tout zèle et à toute conciliation : on dirait qu'il
» n'est permis d'entendre résonner que ce seul cri par
» toute la terre : *Mort aux tyrans !*... Oh ! objet de mon
» âme, que ne puis-je mourir, moi aussi, en vous écri-
» vant cette lettre !... Que ne puis-je trouver cette futile
» mort que je serai peut-être obligé d'aller chercher au
» milieu des combats !...

» Qu'ont fait tant ces peuples qu'on appelle hérétiques,
» Elvire?... Sont-ils si méchants, qu'ils méritent un cour-
» roux sans pitié ?... Si l'erreur est leur partage, comme
» le disent vos partisans, pourquoi n'avoir pas la clé-
» mence ?...

» Ah ! Elvire, que je vous estime et vous considère !...
» Avec moins d'attachement pour vous, je ne pourrais
» m'empêcher de donner à votre religion le titre d'incons-
» tante et d'ingrate !... J'irais peut-être plus loin !... je
» l'appellerais injuste !...

» Priez, priez donc le Seigneur, Elvire. Priez-le de
» votre âme si belle et si généreuse. La patrie, votre
» père, votre frère, tout demande en ce moment vos
» prières.

» Pour moi, pauvre martyr, perdu au milieu de l'in-

» gratitude générale , je vais avec Paul , ainsi que vous
» le savez, essayer d'un dernier effort auprès de Roger.
» Qui sait si l'illustre successeur des Trencavel, au sou-
» tien d'une couronne mal affermie, ne préfèrera pas
» l'humanité générale de ses peuples ?

» Adieu, Elvire, adieu !

« RODOLPHE. »

Rodolphe, ainsi que nous l'avons dit, cacheta cette lettre, la baisa à deux fois et la plaça dans une ouverture
pratiquée à son justaucorps.

Quand ce religieux devoir fut accompli , la conversation de Renaud et de Paul venait de finir encore. Rodolphe
voulut prouver qu'il avait participé à ce qu'en bon patriote,
il appelait l'entretien du devoir et de l'*honneur*.

— Vous dites donc, demanda-t-il à Renaud , que vous
faites partie de notre ligue ?

— Oui ! ma centurie et moi , répondit l'hôtelier , la
main sur son cœur et en homme duquel on ne pouvait douter.

— Prenez la note suivante , Renaud : elle vous sera
utile :

« *Rue Saint-Jacques, tout le long du rempart, côté sud-
est de la ville , et rue Saint-Aphrodise , partie nord-est du
rempart. La première indication est afférente à la maison
Elvire , la seconde à la maison Rodolphe. L'un et l'autre
de ces divers domiciles ont été recouverts en ardoise et ont
un marteau à tête de lion chacun.* »

Renaud consigna cette note sur son album en peau de

renne, et s'écria d'une voix moitié affaiblie, moitié imposante :

— Que le ciel confonde tous les méchants!...

En ce moment, un bruit terrible se fit entendre dans une des salles d'en haut, et un sarcasme épouvantable traversa la tempête.

— Tudieu ! dit Raoul, en portant la main à son front et en faisant son signe de croix habituel : vous ne me ferez pas croire, Renaud, que votre auberge n'est pas une auberge de *maléfices*. Avez-vous entendu le rire strident et satanique qui a traversé l'orage? Ce juron inusité décèle toutes les furies des enfers. Assurément, vous conviendrez avec moi, majordome, qu'il n'appartient qu'à l'habitant des tristes ombres de proférer des blasphèmes semblables!

— Tais-toi, jeune homme, répondit l'hôtelier, — comme paraissant mettre à contribution toute sa logique... tu n'as pas encore l'expérience des choses! Il est des époques dans la vie où l'homme a besoin de renier son Dieu !

— Tu blasphèmes ! s'écria Rodolphe.

— Il ment ! dit Paul.

— Quel hypocrite ! ajouta Raoul.

— Dites-moi, hôtelier, continua le fils de Saint-Jacques : je vous trouve éminemment philosophe ! Pourriez-vous me dire qu'elles sont les époques de la vie où l'homme a besoin de renier son Dieu et quel est le mécréant qui peut s'autoriser à pousser pareille insulte ?

— Dieu a créé l'homme dans un but, imagina Renaud : c'est de le rendre heureux ; pourquoi lui laisse-t-il parfois le jour de reconnaître sa misère ? Ensuite, l'homme qui le renie actuellement, est un homme occupé à reconnaître les mystères de la nature ! Pourquoi , certaines lois lui étant connues, ne peut-il pas , par le moyen de celle-ci , aller à la découverte de celles qui lui manquent? L'homme est donc un être imparfait. Dieu qui n'avait que la perfection en but en créant le monde , a donc failli ici. Il aurait...

Il avait à peine commencé cette dernière phrase , que les convives se levèrent tous à la fois, et s'écrièrent d'une voix unanime :

— Il blasphème !... Impiété ! !... Irréligion ! ! !...

A cette apostrophe souverainement forte et souverainement accentuée, le tonnerre sembla gronder avec plus de force ; le bruit qui s'effectuait dans la salle d'en haut, parût redoubler son intensité.

— Mon Dieu ! dit de Paul : soutiens notre foi.

— Seigneur ! ajouta Rodolphe: ne confonds pas les égarements du méchant avec les douceurs du sage.

— Gloire à toi , ô mon Dieu ! murmura faiblement Raoul :... celui qui refusera de te confesser , reconnaîtra ici ta puissance !

Et alors, succéda à ce dialogue un silence sacré ; et alors, on entendit, larges, les gouttes d'eau tombant sur la terre, et les lourds grêlons détruisant tout ce que la nature avait étalé de plus beau et de plus luxuriant.

VI.

Le Sorcier.

Pourquoi demandez-vous aux trésors de la
sagesse humaine, ce qui n'est dû qu'aux
ressources de la sagesse divine ?

— Horreur ! et famine !... s'exclama un homme qui
vint bondir au milieu de la salle, et les convives reculè-
rent épouvantés.

Cet homme portait une simarre de peau de châmois.

— Qui es-tu? lui demanda Rodolphe d'un air aussi
moqueur qu'insultant, et il dégaînait son sabre... Si tu es
un envoyé du ciel, parle et dénonce la commission qui t'a
été donnée... Si tu es enfant de la terre, pourquoi ne pas
respecter mon acier et craindre de rentrer dans le limon
dont tu es sorti ?

— N'outrage pas la vieillesse et la sainteté d'Ordener,
lui dit le vieillard d'une voix chevrotante et douce... Si tu
connaissais ton sort et le peu de succès qu'auront tes démarches, ô homme farci d'orgueil, au lieu de te passion-
ner pour des choses vaines et futiles, tu songerais au
sérieux. N'as-tu pas entendu le doigt de Dieu dans la tempête ?... Oh ! incapacité de l'homme immûri !... L'Éternel
parle par ses oracles, et l'homme s'endort et chante à
l'ombre de ses erreurs !...

— Parle donc, ô étrange apparition !... avoue-toi donc,

ô mystérieux fantôme... ta voix m'intrigue, revenant enchanté ; ton délire me surprend !

— Ordener le sorcier ! fit entendre à voix basse Renaud.

— Je suis Ordener le sorcier, reprit le vieillard, en portant sa main à son front chauve et nu et en faisant comme effort pour comprimer sa pensée. J'ai été interrompu par tes dissertations insensées, au moment où j'avais trouvé le fil qui devait unir les *hérésies* entre elles. Tu as là brisé, enfant, la plus belle période de mes élucubrations.

— Vous avez donc interrogé l'avenir, ô homme extraordinaire !

— Oui, l'avenir et ton sort, répondit Ordener, d'une voix courroucée et gravement imposante.

— Vous pourriez donc me dire quelle sera l'issue de mes démarches, étrange interprète ?

— Je pourrais te dire plus que ça, pitoyable rodomont !... Je pourrais te dire ta mort !...

— Ma mort !... sorcier fatal, reprit Rodolphe en tremblant de tous ses membres... Ma mort !... Le fil de la vie de Trencavel te serait-il donc connu ?...

— Oui, connu, reprit le vieillard ; et chez moi, je te ferai cette révélation, si tu veux. — Es-tu heureux de connaître ton destin, Rodolphe !

La foudre qui tombe aux pieds d'une jeune captive aux rivages du désert du Maure, la rafale qui se déchaîne sur une faible embarcation sur les gouffres béants de l'Océan Indien, ne font pas plus d'impression sur ces malheureux abandonnés que n'en firent les paroles du sorcier, frappant sur le cœur de Rodolphe.

Le parent de Roger se leva et demanda son domestique.

— Sorcier, dit-il à l'homme inconnu, mais d'un ton de voix si faible et si attristé qu'il arrivait à peine à l'oreille de ses compagnons : sorcier, je suis décidé à t'entendre ; mais avant que je ne t'accorde ma confiance, je demande que tu me donnes une preuve de tes talents !... Montre-moi, curieux *Habacuc*, que tu n'es pas un vain Protée, ni un Vampire envoyé ici par Satan, pour sucer le sang des êtres confiants.

Le sorcier avisa dans sa longue robe, en tira une faible baguette, et, agitant cet instrument en l'air, il en fit sortir des signes fantasmagoriques qui apparurent dans la salle.

Rodolphe demeura comme confus sous la complication cabalistique et suivit le vieillard qui le mena dans un escalier tournant, pratiqué artistement dans un des murs latéraux de la salle humide par la ruse des temps antiques.

Raoul accompagna son maître, veillant sur lui comme un ange sur son protégé.

. . . .

— Quel homme extraordinaire ! fit Paul, lorsque la porte latérale de l'escalier se fut fermée derrière eux.

— Si extraordinaire, répondit Renaud, qu'il opère des prodiges. Si j'ai à me fâcher d'une chose, c'est de l'avoir logé chez moi ! Je suis sûr aujourd'hui, que si je le mettais en demeure de déménager, la fatalité s'attacherait sur moi ou ma famille. Ah ! de Paul, ne fraternisez jamais avec les sorciers : ce sont les enfants du démon !

— Vous croyez donc à leurs prestiges, Renaud.

— Pas plus que vous ; il est cependant des révélations

auxquelles on est souvent obligé d'ajouter foi. Vous connaissez, seigneur, l'histoire des Hébreux et les Pythonnisses qui se distinguaient à cette époque. Vous connaissez aussi l'histoire ancienne, l'oracle de Delphes. Vous n'ignorez pas non plus qu'à part la révélation qui fut faite à Saül, Alexandre-le-Grand, roi de Macédoine, vit en songe dans la gueule d'un lion, la plante célèbre qui devait guérir son ami Ptolémée de la morsure d'une vipère. Enfin, maître, pour être plus logique, je ne vous citerai ni les faits anciens ni les modernes; mais je vous assure qu'il faut être bien fort pour ne pas se laisser prendre à pareils artifices. Pierre de Castelnau n'a-t-il pas trouvé ici l'analyse de sa perte, et Raymond Trencavel, la démonstration de sa chute? Qui sait si Roger venait consulter la réponse qui lui serait faite! Ah! seigneur, il faut toujours trembler quand on a affaire à pareilles gens. Dieu qui a suscité des Prophètes et des Prophétesses autrefois pour instruire son peuple, ne pourrait-il pas aujourd'hui nous faire naître des savants pour nous montrer l'abîme en présence duquel nous allons marcher? Ne soyons pas sceptiques, bon de Paul, moins pessimistes : la divinité a des secrets qui sont à elle seule pénétrables.

— Et vous, Renaud, soyez assez consciencieux et pas trop exalté. Dieu n'est pas assez content de sa créature, pour daigner descendre jusqu'à lui montrer complétement l'avenir.

— Vous êtes donc athée, maître !... Vous croyez que Dieu abandonnera aujourd'hui son peuple, tandis qu'il le protégeait autrefois? Sachez que ce n'est pas tandis que l'orage est sur l'Océan qu'une nouvelle tempête doit éclater. La majesté de Dieu ne doit se faire entendre que lorsqu'il y a le calme et le recueillement. Le doigt de l'Éternel, a dit l'Écriture, se découvre , quand il y a une grande calamité ou un malheur qui menacent son peuple.

— Erreur ! s'écria de Paul ; erreur !

— Argumentation tronquée ! ajouta Renaud.

— Et bien ! continua de Paul, puisque vous êtes si imbu de ces principes anti-religieux que la morale condamne, Renaud, attendons l'issue des démarches de votre sorcier et nous verrons en quoi consiste sa science. Pour moi, je ne mettrai jamais les croyances de mon âme à cette extrémité, de savoir qu'un homme de la terre puisse s'élever jusqu'à la contemplation des mystères secrets du ciel.

— Vous êtes catholique douteux , seigneur , catholique froid ; le catholique vrai ne met jamais en suspicion la révélation. Les premiers peuples étaient plus croyants et partant plus heureux. Ce qui aujourd'hui fait le mal de la société , c'est le doute ; à force de douter, la société devient impie !

— Prenons votre idée pour bonne et pour généreuse, Renaud.

Nous laisserons ainsi Paul et Renaud dissertant sur des matières purement philosophiques, et nous suivrons pas à pas Rodolphe , Raoul et Ordener , courant après l'impossible, impossible que notre langue a déjà qualifié de *nom français* et qui est le plus grand cauchemar opposé à sa vaine gloire et à sa vaine forfanterie... L'on s'est dit et l'on se répète encore de nos jours: *impossible n'est pas français !... Pourquoi a-t-on créé ce mot ?..* L'homme ne sent donc plus aucun problème à résoudre?. Il ne trouve donc plus aucune difficulté à surmonter ?.. Le malheureux !... qu'il s'abaisse et qu'il cueille sur le chemin de ses excursions ce petit ciron qu'il foule à ses pieds... Qu'est-ce que ce ciron ? Qu'est-ce que cet insecte ? Il regarde béant ; il ne sait que conclure... Et le ciel, ne renferme-t-il pas assez de choses secrètes pour captiver son savoir ?.. Pauvre égoïste, qui croit que la terre doive s'incliner sous lui et qui semble dicter des lois à la divine Providence ! L'électricité s'est manifestée ; les chemins ont marché, les tonnerres et les éclairs se sont emprisonnés dans ses mains; mais il n'a pu jamais élever une voix de commandement devant son Maître !.. Reconnaissons donc notre petitesse; voyons-nous à notre état de néant ! Nous inventons, nous forgeons et nous n'avons encore pu nous prémunir contre cette sentence : *la mort !..*, Oh ! vous qui comme moi, rampez sur le chemin des rèves et des illusions, venez et confessez, votre, impuissance devant Celui qui tient le secret de toutes choses. Non ! impossible ne sera pas un vain mot, un argot qui doive être éclipsé, annulé de notre langue... Hâche redoutable, il sera là pour intimider nos décisions et nous dire: *tu n'iras pas plus loin ! hommme ! que tu es insensé !...* pour effrayer nos caprices et nous faire rentrer dans le chemin de la vérité ! Impossible, superbe mot que je loue et chante dans mon ignorance, viens aussi, oh! toi, luire sur mon âme... Je te regarderai toujours comme une portion respectable, comme une portion chère, tant que battra dans mon cœur un sang de religion et d'amour ! Et, quand dépouillant ma forme terrestre, je m'élèverai sur les aîles de l'espérance pour comparaître au tribunal où tout se démasque, et où tout se confond, je te prierai, ô mon Dieu, d'avoir pitié pour l'homme qui s'oublie et pour l'homme qui se perd en voulant trop faire uu jeu de tes mystères.

. . . .

Rodolphe et Raoul, disons-nous, suivirent donc le vieillard. Lorsqu'ils eurent monté vingt marches, une porte à profonde embrasure et à cintre écrasé, fortement verrouillée, s'ouvrit devant eux. Un corridor immense, après qu'ils eurent franchi cette porte, sombre comme l'escalier, se déroula sur leur droite. Ils s'y enfoncèrent comme à regret, remplis de pénibles pressentiments! Rodolphe interrogeait à tout instant du pommeau de son sabre, chaque paroi, chaque sinuosité de ce labyrinthe indescriptible. Après cinquante pas de marche au milieu des ténèbres et de la nuit, un demi-jour, lueur douteuse et tremblante, pareille à un de ces derniers reflets qui éclairent ordinairement les incendies, s'offrit à leurs regards. Raoul s'arrêta un instant; timide et peureux. Rodolphe voulant profiter de ce moment de détresse auquel son esclave était en proie, essaya d'une question au Sorcier.

— Ordener! lui dit-il: quel est cet abîme ouvert devant nous?

— Aucun abîme, répondit le vieillard: ici n'entrent que ceux qui sont dégoûtés de la vie ou qui veulent faire convention commune avec elle.

Rodolphe reconnut son indiscrétion et avança encore de quelques pas. Bientôt une vaste cheminée au centre de laquelle pétillaient certaines bûches de bois de chêne, lui montra l'illusion dans laquelle il s'était laissé aller... Il reconnut dès-lors qu'Ordener n'était pas un fanfaron hypocrite et, sentant sa confiance lui renaître avec son inépuisable curiosité, il adressa des paroles de félicitation au vieillard.

— Ordener! lui dit-il: vous êtes un homme digne de foi.

— Par ici, lui dit le sorcier: les mystères de ta destinée vont t'être bientôt dévoilés.

Ils descendirent encore deux marches d'un nouvel

escalier, et sous peu, ils arrivèreut dans une seconde salle, pareille à celle qu'ils avaient quittée naguère. L'atmosphère qu'on respirait dans ce mystérieux réduit était lourde et chargée d'arômes.

— Respect aux mânes cachées! dit Ordener à Rodolphe, en étendant sa main sur un cadavre que recouvrait en ce moment un voile de fine gaze.

Trencavel recula terrifié.

— Tu trembles! lui dit le sorcier, guerrier de la Sainte Cause, tu trembles!... Apprénds que ta Liba (1) foulera plus de cadavres sous ses pieds en un jour que n'a fait périr *d'ultra-montains* ce réprouvé de l'Église, et puis, Rodolphe,... oh! puis, peut-être à la centième victime tu mourras!

— Quel est donc ce cruel assassin? demanda Trencavel, sans paraître faire attention à l'injonction de mort du vieillard.

— Tu l'ignores, fier bandit? Tu sembles l'ignorer? Son nom est l'invocation sanglante par laquelle toutes les bouches maudites arrivent à leurs rapines.

— Serait-ce l'homicide de Pierre de Castelnau? ajouta Rodolphe tout abattu.

— Précisément? répondit Ordener, et voilà encore le couteau infâme qui s'est plongé dans les flancs du sacré Prélat.

Une sueur livide et terne se répandit sur tous les traits de Trencavel.

— Maudites soient les mamelles qui l'ont allaité et les entrailles qui l'ont nourri !.. s'écria-t-il. Maudite soit la famille des *Jehan de Verles !..*

____

(1) Nom du cheval.

A ce nom de Jehan de Verles, le domestique Raoul poussa un soupir et son chapeau qu'il tenait à ses mains roula sur la dalle poudreuse.

— Jehan de Verles !.. se dit-il en lui-même ; le frère de mon père, Alphonse de Verles !... mon oncle !.. L'associé intime de Roger,... son plus bel espoir !... Malheur !..

En ce moment, deux heures sonnèrent à la pendule d'Ordener, Rodolphe porta sa main à son cœur et son cœur battait fort. A deux heures, hier, il était dans le jardin d'Elvire ; à deux heures, hier, s'était tenù à Montpellier le conseil qui devait décider du sort de tout le Languedoc... A deux heures, l'assassin de Pierre de Castelnau avait médité son crime, et à deux heures, lui, l'homme par excellence, l'amant dévoué, venait même de la bouche d'Ordener de recévoir la nouvelle de sa mort !... Cet écho frappait triste et lugubre dans son cœur: tout son être, sa personne en étaient brisés.

Le sorcier ne tarda pas à s'apercevoir de cette affliction profonde de Rodolphe.

— Trencavel ! lui dit-il : quels sont les symptômes de cette douleur qui t'accable ?

— C'est probablement l'éther exhalé dans ta chambre par tes plantes médicales ou magiques, répondit celui-ci, voulant éluder une question qui eût pu le compromettre.

— Admettons, proposa le vieillard, affectant cependant de montrer que la vérité ne lui était pas complètement inconnue.

Soudain, le sorcier approcha une torche du brasier ardent pour éclairer la demeure... La résine pétilla, ruissela en longs flots odorants et argentés , et finit par envahir la salle d'une clarté sinistre et blafarde.

— Quelles questions veux-tu demander au sort, Rodolphe ? dit Ordener , en approchant son flambeau d'une console en acajou ?

— La vie d'Elvire et la destinée de Béziers.

Le Docte savant ouvrit un grimoire, et sur la trentième page, se trouvèrent inscrits ces mots :

» *Elvire heureuse,* — *Elvire sauvée,* — *Béziers exterminé complètement. — Destruction totale de la noblesse.* — Cou-
» ronne *des Trencavel sur la tête des Montfort.* — *Rome*
» *triomphante. Rome tranquille.* — Autocratie et plus forte
» *indépendance d'Innocent III.* »

La rage impatiente que Rodolphe avait contenue jusque-la déborda soudain et dans un de ces moments d'accès de délire que nous nous sentons l'impuissance de décrire ici, il renversa la table sur laquelle se trouvait étendu le cadavre. Le cadavre tomba par terre et laissa se dévoiler horriblement sa face sanglante et livide , la contraction sauvage qui se répandait sur tous ses traits , l'horreur de son regard perdu dans le désespoir et le remords....

— Adieu, bonheur... s'écria Rodolphe; avenir, adieu!!. espérance, ma tendre espérance ..... adieu !!

L'écho bourdonna longtemps la terrible exclamation ...; le silence qui avait succédé à l'orage était si grand, que l'exclamation alla se répercutant de corridor [en corridor et finit enfin par venir se perdre dans la cuisine où causaient Renaud et Paul.

Adieu !., dirent-ils eux aussi comme poussés par un

même essort ... adieu , patrie chérie!!. — Rodolphe est malheureux !.. Et alors on entendit aussitôt des pas précipités descendre l'escalier , et puis se présenta sur la porte de la salle un jeune héros, un sorcier et un vigilant domestique... Et une terreur secrète domina cette assemblée , terreur que n'osèrent rompre ni les convives ni le maître d'hôtel.

VIII.

Le Départ.

S'il nous était permis de mêler le sacré au profane, nous emprunterions ces paroles mémorables du Psalmiste :
(Tristis est anima mea usque ad mortem)

Il y a, dans la vie de l'homme, de ces moments de crise et de fièvre détestables qui nous accablent. Le mal moral l'emporta toujours sur le mal physique. Les sens ont beau faire prévaloir leur influence sur l'âme ; l'âme est comme l'agent impassible de tous les maux étrangers ou de toutes les causes diverses qui l'assiégent. C'est que l'âme est une partie trop noble et qu'elle sent trop bien le rayonnement de sa destinée, pour qu'elle se laisse surmonter en vain. En effet, qui est ce qui a pu décider que l'âme restait étrangère à toutes nos commotions, tandis que le corps agissait seul ? On a inutilement essayé de démontrer l'assimilation de l'âme avec le corps : rien de plus faux. Il y a en nous une partie incontestablement indépendante qui agit, et cette partie est trop noble, trop évidente, pour qu'on ne la comprenne pas ou qu'on ne veuille pas la comprendre.

Les Épicuriens ont nié les propriétés de l'esprit et ont publié les merveilles de la matière ! Erreur que leur système !... Rien de plus facile que de les combattre. Qu'est-ce qui fait souffrir mon corps pendant la douleur et le tourment ? (Je parle d'un mal moral.) Quelle est cette force d'intuition qui me donne la conscience de ce qui va ou doit m'arriver? Je prévois un malheur futur, et je tremble et je m'attriste! Je ressens une joie à venir et je m'égaie et je me réjouis!... Et pourtant, ni le malheur ni la joie ne m'ont été démontrés; le pressentiment seul m'en avertit : il m'éveille !... Oh ! admirable instinct !... divine Providence!... mon Dieu !... fais que celui qui te cherche te trouve enfin. Qu'il te trouve grand comme tu es, aimable comme tu es : que ton nom, quand tu te découvriras à lui, ne soit pas un flambeau qui le dévore, mais une flamme qui le nourrisse et le vivifie.

Rodolphe était en proie à ce paroxisme de la fièvre qui est la preuve permanente de l'existence de la Divinité. L'œil hagard, la bouche muette, la contenance éperdue, il était là comme la statue du désespoir au milieu d'une société morte comme lui. L'amitié aura toujours des épanchements doux. L'homme qui se dévoue sans retour aux souffrances d'un *misérable*, éprouvera toujours une affection particulière, un charme véritable pour celui qui s'est dit son ami! Rodolphe, Raoul, Paul et Renaud étaient trop liés en ce moment pour s'oublier!

La tendresse et la sollicitude de l'esclave l'emportèrent sur tout ce qu'avait de supérieur cette assemblée d'élite.

— Maître, dit-il à Rodolphe, mais d'un ton de voix si doux et si suave qu'il ébranla la fibre affectueuse de son chef : maître, vous souffrez?

— Oui, bon Raoul, reprit Trencavel; mais de l'incertitude.

Comprenant les intentions de son maître, l'esclave manda prendre les chevaux, et sous peu, les montures frémissantes piaffaient devant la porte de l'hôtel maudit.

Alors on vit Rodolphe porter sa main à son justaucorps

et en tirer un pli que nous croyons inutile de désigner au lecteur, pli qui fut remis à Raoul. Celui-ci se dirigea sur Béziers, tandis que ses nobles compagnons prirent la route opposée, la route de Montpellier.

Cependant, l'air frais du matin commençait à égayer la campagne ; la nature se parait des plus belles splendeurs de l'aurore. Nous ne parlerons pas du coup d'œil qui s'offrit de Pézenas à Montpellier : la grêle avait tout ravagé. Arrivés à cet endroit du chemin où les dentelures des nombreux clochetons de l'abbaye de Villemagne se dessinent comme des fantômes bizarres dans le ciel, où la mer, s'étendant devant vous , forme une nappe majestueuse d'admiration et de surprise , et où la terre semble vous quitter pour laisser trôner l'immense universalité des eaux , le mutisme qu'avaient gardé nos deux voyageurs se rompit. Rodolphe porta sa main à son front et sembla sortir d'un long rêve. Il attacha dès lors son regard sur son cheval , dont l'allure abattue, dont la démarche lourde et attristée semblait une co-participation parfaite des soucis de son maître :

— Belle Liba , lui dit-il , en nattant sa crinière noire et dorée : tu m'as servi dans les batailles contre l'Anglais aux champs de Normandie !... en cela, tu t'es montrée la digne rivale de ces fameux coursiers montés par nos Andalous... Quel sort t'attend aujourd'hui? Tu n'auras plus ici à fouler des ennemis vengeurs et jaloux ; non !... ce seront des frères, des amis que t'offrira souvent ma volonté ! Oh ! Liba ! deviens forte, mais humaine ! Le terme de mon sort est marqué ; ne franchis pas ce centième coup qui doit être le mien! Si dans l'horreur du combat, si lorsque ta rage sera puissante et forte, tu rencontrais une femme guerrière , une de ces amazones que le ciel a placées ici-bas pour tenter la valeur des héros , ne la menace pas de tes élans emportés ; celle-là , ô digne Liba , est celle qui fait battre ma poitrine , qui est destinée à te placer un laurier au front après le triomphe ou la victoire. Volons , volons donc vers la dernière de nos ressources ; achevons de boire le calice , et si la mort doit s'en suivre, que ton génie, que ta dextérité se retournent vers moi , afin qu'en m'écrasant ainsi , le Siége jaloux n'ait pas l'honneur de m'avoir sapé la tête.

Liba parut sensible aux incitations de son maître; elle se cabra , secoua sa crinière large et humide , dilata sa narine enflammée, et, faisant résonner enfin le sol sous son sabot de fer , fendit l'espace avec cette rapidité qu'ont l'air et les vents.

De Paul suivait à côté, timide et pensif.

Ils arrivèrent ainsi aux hauteurs de St-Jean-de-Vedas. Là, le fils de St-Jacques voulut laisser souffler les chevaux, fatigués d'une si longue course. La mer , pleine d'étincelles s'étendait calme et moutonnante à leur droite; quelques pêcheurs de leurs nacelles blanchies fendaient la lame polie. Montpellier , *Mons Puellarum* , s'élevait au milieu d'une brume épaisse et opaque que perçait par intervalles les rayons du soleil levant.

— Quelle destinée est la nôtre ! dit Paul à Rodolphe , en lui envoyant un sourire sinistre.

— La mort me serait cent fois plus agréable sur un bûcher d'Ecosse qu'au sein de ma patrie, répondit celui-ci attristé.

— Je te trouve plus rêveur que de coutume , Rodolphe ; la prédiction d'Ordener aurait-elle influé sur ta force d'âme ?

— Non ! répondit Trencavel : mais j'ai toujours un pressentiment qui me dit : — *Malheur !*...

— Envoie tes terreurs à la Providence, Rodolphe. L'É-ternel console les affligés , envoie du baume à ceux qui souffrent.

— Pourquoi n'ai-je pas cette patience évangélique comme toi, de Paul? dit Rodolphe. Je sens que je suis cruel et ty-rannique : Ma religion ne serait-elle pas étayée sur un principe d'athéisme?

— Je sais bien, reprit le fils de St-Jacques dans un lan-gage purement divin que le malheur sera notre partage ; mais si j'ai une grâce à demander à Dieu dans une con-joncture si déplorable, c'est qu'il rende , sauve la vie de mon père.

— Et Elvire? ajouta Rodolphe craintif.

— Oh! Elvire! elle est trop familiarisée avec la mort pour qu'elle s'en fasse une terreur.

Un bruit de tambours , des cliquetis d'armes, des sons de cloches se firent entendre... puis les campagnes et les environs de Montpellier se couvrirent d'une multitude infi-nie d'archers et de soldats !

— Un combat? demanda Rodolphe.

— Non, répondit Paul ; aucun combat ; mais la réjouis-sance du roi d'Aragon. Le roi d'Aragon fête les prérogatives de son autocratie en ces lieux et les tendances basses de son ambition future.

— Iniquité et égoïsme! s'écria Rodolphe.

— Sais-tu qu'il faut que la Cour de Rome soit bien en-vieuse ? ajouta-t-il un moment après. Sous le règne de notre détestable Louis, les impôts écrasaient la France ; aujourd'hui on ne fait qu'aggraver ces mêmes impôts. On met des charges sur toutes nos denrées , et la classe ou-vrière par les *tiraillements* de *l'aristocratie* devient de plus en plus esclave. Hélas!... il ne fallait rien moins que le berceau des Pline , des Tasse et des Dante pour ajouter à l'horreur de la situation... Bah!... nous marchons, je t'assure, dans un siècle de fer et de barbarie! La décadence et rien que la décadence! Et puis, veux-tu que je te dise mon fin mot ?

Et Rodolphe abaissa le ton de sa voix.

— Notre souverain légitime , Philippe-Auguste, est un sot. Il se laisse gagner par des remontrances futiles, par des craintes vagues. Il suffit qu'un Innocent III lui oppose un *anathème*, et il recule souvent même devant un bien à effectuer. La France ne s'est perdue que par un Louis-le-Débonnaire, par un Charles-le-Gros , par un Childéric ; un Philippe viendra la traîner encore dans ce gouffre odieux où la laissaient gémir déplorablement tant d'impropres monarques. Ne souffrons pas ce despotisme insensé, Paul , et armons-nous saintement et utilement. Quand on voit la mesure pleine et que cette mesure déborde, arrêter le torrent envahisseur, c'est justice.

— Utopie, prétexta de Paul : le mal est trop grand pour qu'on puisse y remédier. On sait trop bien ce qu'il arriva à ces immortels Spartiates qui, pour défendre la cause commune de leur mère-patrie, moururent tous!

— Tu ne voudrais donc pas faire un Léonidas?

— Je voudrais être plus que ça , Rodolphe ; je voudrais simuler ce fameux *taurobole* qui apprit longtemps au voyageur égaré ou touriste la destinée implacable de Lacédémone et les maux affreux de ses habitants. Mais comme elle, Rodolphe , notre patrie à nous , le berceau de nos ancêtres succombera.

— Espérons ! Paul, espérons !... reprit Rodolphe. Ton Dieu qui te dit de désespérer en ce moment me dit à moi d'attendre. — Oh ! espérance , fit-il avec un accent d'amertume : combien de fois tu as bercé mes illusions trompeuses !...

Un archer, au nom du roi d'Aragon, leur demanda leurs papiers.

Paul et Rodolphe exhibèrent leur *laissez-aller* et ils franchirent la porte de l'Étoile. La multitude ébahie, regardait défiler en silence ces héros, portant haut leur tête, et sur leur front la marque évidente de leur enthousiasme civique et cordial. Ils tournèrent ainsi l'angle de lHôtel-de-Ville et entrèrent dans la rue des Pontifes.

Une maison plus grande et plus spacieuse que les autres s'offrit à leurs regards. Une femme éplorée, jeune vierge de vingt à vingt-cinq ans , stationnait devant le perron désert et semblait , au milieu du vague désordre qui l'environnait, rechercher une chose perdue.

Ce fut à ce personnage de la sollicitude et du malheur que Rodolphe s'adressa d'abord.

— Seigneuresse, lui dit-il, dans un langage d'amitié et de profonde sympathie : la maison de Roger?

L'inconnue releva sa tête, et anxieuse et souffrante :

— Par ici, dit-elle.

— Y aurait-il malheur dans cette maison-là? continua à demander Rodolphe.

— Désolation complète ! répondit la femme étrangère.

Celle-ci agita en même temps une sonnette, et une soubrette apparut, pâle et défaite comme elle, au haut de l'escalier.

— La chambre de celui qui fut mon mari ! dit Agnès en désignant du doigt un appartement isolé à la domestique qui venait d'arriver.

Et un soupir s'exhala en même temps de sa poitrine, cette dernière expression de l'âme qui souffre et qui se désole.

— Agnès ? demanda Paul terrifié.

— Elle-même ! reprit l'inconnue.

Et elle se retira sanglotante dans une touffe de lilas qui bordaient les avenues du jardin.

Les dignes héros de l'antique Grèce suivirent la nouvelle cicérone, et sous peu, ils arrivèrent au centre d'une vaste terrasse. Des plantes asiatiques, des espaliers, toutes sortes de productions odorantes avaient été gracieusement ménagées autour de ce réduit champêtre. Des encens embaumés et de la myrrhe brûlaient aussi dans des cassolettes d'argent.

— Que ce lieu-ci est religieux et suave ! dit Rodolphe, pour être si terrible...

— Ah ! reprit Tirsa, l'esclave de Roger : c'est que notre maître, fidèle à la tradition, veut peut-être comme le Sauveur du monde s'endormir dans le parfum, tandis que ses ennemis se repaîtront de sang !

La sentinelle qui, dans le xiiime siècle, veillait au salut des maisons des grands, porta ses armes aux nouveaux venus, et de Paul et Rodolphe enfilèrent le corridor sombre aux échos multiples et à la voûte richement pavoisée.

L'âme de ces pauvres preux était triste : elle s'imprégnait de cette mélancolie profonde qui s'empare des derniers jours d'un condamné.

IX.

Roger.

Celui qui règne dans les cieux et de qui relèvent tous les empires, à qui seul appartiennent la gloire, la majesté et l'indépendance, est aussi le seul qui se glorifie de faire la loi aux rois et de leur donner, quand il lui plaît, de grandes et de terribles leçons.

Bossuet. (Exorde de l'oraison funèbre de la Reine d'Angleterre.)

L'homme compte toute sa vie et toute sa vie se passe à compter. Il entasse des trésors, accumule des richesses, accapare des grandeurs et quand il s'endort au charme fallacieux de ce trône de fierté et d'amour, il n'a oublié qu'une chose : c'est d'avoir porté son œil en arrière et d'avoir regardé la terre d'où il était sorti... Au milieu de ce vain contentement créé pour sa perte, il ne compte pour rien ni ceux qui l'ont vu naître, ni ceux qui sont ses semblables et qui marchent à côté de lui... L'ambition semble légitimer son brutal égoïsme, et, étrange Nabuchodonosor, il a oublié *l'arbre abondant*, dont les fruits féconds nourrissent toute la terre entière et dont le tronc condamné va recevoir peut-être le coup de hâche du Seigneur.

Vous qu'enivre la gloire ; Vous que nos cœurs bénissent à tout jamais, et vous, riches, grands, pauvres, oppresseurs ou soutiens de l'humanité souffrante, qui que vous soyez tour à tour, n'oubliez pas que le règne de votre

existence est compté et qu'un jour le souverain Maître fera
rentrer dans le néant le peu de vanité ou de poudre qui
vous environne... L'échelle sociale est facile à monter,
il est vrai : quand on est sur son faîte, la chute n'en est
que plus terrible et plus épouvantable : témoin le peu de
paroles que nous avons osé exposer sommairement, et
celui (ce héros), dont en venant raconter la vie, nous dé-
plorons la pénible histoire.

Roger était cette fleur déchue, l'image de cette grandeur qui s'éteint au palais indolent... S'il n'eût pas passé
sa vie dans les plaisirs ; s'il eût compris que la sagesse
humaine consiste dans la pratique des vertus sociales et
chrétiennes, il n'eût pas eu à déplorer un trône qu'on lui
avait remis, quoique *entaché de vice*, et qu'il eût pu faire
refleurir par sa vertu et sa constance !

Il occupait en ce moment le troisième étage du palais
de ses pères... Il se levait encore; son heure habituelle
était sept heures du matin. Il venait de coordonner une
liasse de papiers qui lui avaient été expédiés de Béziers et
de Carcassonne. Un laitage de chêvre, son déjeûner favori,
fumait devant lui... Il calculait, vaniteux, sur une carte
départementale, l'étendue de ses possessions, les grandes
difficultés auxquelles seraient obligées de se livrer ses
troupes pour les défendre, enfin les imposants préparatifs du siége en cas d'attaque... Un Alcibiade eût moins
formulé un plan, un Aristide l'eût moins conçu... Selon
lui, il jetait vingt mille hommes de troupes sur Carcassonne et dix mille sur Béziers... Si Béziers était investi,
ce dont il tremblait fort, il y aurait un point de ralliement sur Carcassonne, et c'est là que devait se concentrer
tout le point principal de l'action.. Tacticien expérimenté,
il prenait toutes les mesures de prudence pour conserver

ses troupes... Il savait que Dieu ordonne en général de prendre soin de ce dépôt consacré à ses ordres et combien il lui importe d'en mesurer l'holocauste. Cette sagesse assurée, cette prudence prise, Roger retournait alors vers son foyer domestique , là où son âme était le plus fortement attachée. Il voyait une épouse chérie, flétrie, déshonorée ; son alliance avec le comte de Toulouse impossible, sa mésintelligence avec le roi d'Aragon palpable , enfin son inimitié avec la cour de Rome !.. Oh ! combien il en eût voulu finir avec sa vie pour briser à la fois tant d'ennemis accablants... Mais au milieu de toutes ces pensées de deuil et de tristesse dont son âme était accablée , une auréole ne lui brillait-elle pas comme une apparition visionnaire au milieu d'une nuit ténébreuse ?... Qu'était-ce que Tirsa, sa belle esclave ?... Oh ! Tirsa serait assez belle sans doute, assez touchante, pour lui faire oublier toutes les turpitudes dont le monde voulait l'assiéger.

Roger en était là de ces augustes pensées, de ces sublimes méditations , lorsque du bruit se fit entendre dans ses appartements... Il entendit des éperons résonner sur son pavé et, ne croyant plus à une approche de fête , mais à une agression, son œil devint hagard , sa bouche livide et plombée et il se leva au milieu de son laboratoire, menaçant et furieux, sa framée en main , résolu à périr , comme un homme qui s'immole loyalement pourvu qu'il puisse détruire son semblable.

Cependant, quand il vit entrer Paul et Rodolphe, son aspect farouche changea et cette arme qu'il tenait redoutable et vengeresse entre ses mains , tomba calme et polie à son côté, comme eût fait celui qui, croyant asséner sa rage féroce sur un ennemi jaloux et vengeur, n'aurait en sa présence qu'un de ces amis dévoués dont la main compatissante demande le pardon ou implore la miséricorde.

— Quoi ! dit-il, en adressant un regard stupéfait et étrange à Paul et à Rodolphe : vous ici, tandis que mes amis m'abandonnent ! il y a donc dans le monde des âmes fidèles ?

Et, ramassant un papier qui gisait sur le sol :

— Jehan de Verles n'est plus ! ajouta-t-il : voilà sa condamnation... Le roi d'Aragon, mon oncle le comte de Toulouse, et le roi de France, ont abjuré toute amitié pour moi... Amis !.. je suis perdu !

— Pourquoi perdu ? reprit Rodolphe en couvrant son cousin d'un regard d'insulte et d'outrage... L'épée des Trencavel n'est donc plus fidèle dans le fourreau de ses pères ?

— Hélas !... ajouta Roger : que fera le pasteur si ses brebis l'abandonnent ?

Et il se montra en son âme navré de souffrance.

— Cent fois plutôt la mort que de paraître lâche aux yeux de la redoutable postérité, reprit Rodolphe épouvanté ?

— Eh !.. murmura de Paul : la mort !.. un homme s'immole facilement sans doute ; mais quand il s'agit du sacrifice de tant de victimes illustres !..

— Ces holocaustes aussi injustes qu'étonnants qui seront offerts sur le bûcher de Béziers n'en seront que plus agréables aux yeux du Seigneur ! reprit Rodolphe redoublant de colère.

Alors un silence sacré, un silence de terreur succéda à cette résolution sinistre. Le tambour qui battait aux champs envoya ses roulements plus lents et plus funestes.

Paul se mit à la fenêtre dont les stores avaient été négligemment baissés.

— Un défilé de cavaliers, dit-il et un évêque en tête !...

En effet, la Cour de Rome, fatiguée de ses sollicitations inutiles avait enrôlé ses fidèles sujets sous les bannières du Christ, et le Nord, cette redoutable phalange, ralliait ses escadrons indomptables aux escadrons indomptés du Midi.

— Désolation et mort ! s'écria Roger : le sacrifice de mes villes de Béziers et de Carcassonne est complet !..... Adieu, bonheur !..... toi, Tirsa, ma belle esclave, adieu !,. Et toi, mon Agnès, épouse tendre et chérie que j'ai traitée indignement, oh ! pardonne à la calamité fatale qui m'environne... Béziers et Carcassonne ! villes de mes pères, adieu à vous aussi.. J'irai vous revoir encore ; mais non pour vous porter la joie et le bonheur, la consolation et le repos ; non ; s'il faut que sur vos débris fumants l'insulte et l'outrage règnent et fleurissent ! Et toi, couronne de mes aïeux, diadème de mon âme, belle *vicomtoise*, puis-je t'oublier aussi ? Ah ! que l'assassin perfide sache du moins le culte que j'ai donné à ton amour, et l'ardeur sans restriction que j'ai placée à ta défense !

Et ces paroles prononcées, Roger s'abima terne et confus dans son fauteuil, pareil à ce criminel qui, ne voyant aucun moyen d'éviter l'échafaud, se dévoue tout entier à l'instrument de son supplice.

Cependant, au bruit de la chute d'un corps tombant sur une autre corps, au tapage infernal qui venait de s'élever dans cette salle, les esclaves en foule accoururent et ils furent grandement surpris de voir Roger en proie à une prostration si grande.

— Ciel ! dit Pierre de Narbonne, un des plus zélés serviteurs du vicomte : le péril est-il si imminent que notre maître et loyal seigneur doive succomber sous le coup ?.. Ah ! ne vous faites pas de chimères inutiles, seigneur : nos armes seront assez bonnes pour ne pas s'émousser contre les fers tièdes et affaiblis des Romains !

Roger à ces mots soupira tristement, congédia du doigt la valetaille importune... Puis, laissant glisser son fauteuil sur ses roulettes de cuivre, il sembla vouloir se rapprocher davantage de Rodolphe pour lui dire des choses confidentielles.

— Sais-tu, lui avoua-t-il, que le comte de Toulouse médite l'agrandissement de ses provinces, le pape, l'agrandissement de ses charges, et que le roi de France veut s'endormir dans le sommeil de la lâcheté ?..

— Oui ! reprit Rodolphe consterné ; mais comment se prémunir devant pareille circonstance ?

— S'armer résolument et courageusement, dit Roger indigné.

— S'armer résolument ! ajouta Trencavel... Eh ! ne sera-ce pas encourir les chances d'une lutte plus qu'inégale ? Nous avons tant de parents, tant d'amis engagés dans la lutte et qui nous tendent leurs bras suppliants : pourquoi ne pas attendre leurs soupirs ?

— Cœur de femme ! dit Roger avec une malignité satanique. Tu es sensible aux liens de la famille Rodolphe, et tu oublies les sacrifices exigés par l'intégrité de notre blason ?

— Oh ! vicomte ! fit Rodolphe avec un accent tout suppliant : vous oserez donc permettre que ma sœur périsse par la main des barbares ?

— Elle n'est donc pas *Trencavelloise*, celle-là, Rodolphe ? reprit Roger, plein d'une haine sauvage.

— Ciel ! et ces hôpitaux où sont enfermés tant de malades, tant de moribonds, qu'en ferons-nous ?

— Va ! dit Roger avec une sérénité d'ange : le ciel ne refusa jamais les martyrs !..

— Encore une grâce ! encore une grâce ! vicomte, s'écria Trencavel, tout éploré : eh ! Elvire, la sœur chérie de saint Jacques, devra-t-elle périr aussi par le fer des assassins ?

— Telle est la passion dominante de ton cœur, jeune homme, fit retentir, avec un accent de paternelle conviction, Roger : tu t'éprends pour des choses de la terre au lieu de songer aux choses de l'immortalité. Que dira la patrie, si parmi nous il y a des lâches?..

— Tiens ! ajouta-t-il, après un moment de trève à cette discussion patriotique : voilà une liste sur laquelle tu trouveras le nom des prédestinés, des véritables héros Bitterrois ?

— Roger tendit *illico* un parchemin à Rodolphe sur lequel celui-ci lut une pétition extrêmement détaillée.

La ville de Béziers demande donc la mort? s'écria Rodolphe plein de surprise.

— Oui ! la mort ou le combat ! reprit Roger, plein d'une fureur sombre.

— Eh ! bien, mourons donc tous et que la postérité chante nos exploits !

Les trois héros cimentèrent ce beau pacte par une accolade fraternelle. La patrie veilla en quelque sorte sur eux ; dans l'empirée , des mânes compatissants veillèrent sur leur sort et les recommandèrent au sourire généreux de l'Éternelle justice.

X.

Le Carrosse.

L'espérance est ce rayon de joie et d'amour,
de consolation et de tendresse que Dieu
a placé au bord du précipice.

Le lecteur est maintenant initié aux incidents de cette histoire. Nous allons sonder avec lui les replis secrets du mystère.

. . . .

Minuit sonnait à l'hôtel de l'Evêché, à Béziers. Minuit est l'heure suprême des méditations, le moment où la terre fait sa révolution diurne, et où elle tend la main au jour qui commence et au jour qui s'enfuit. Minuit est aussi l'heureux instant où il rappelle à l'homme qu'un Sauveur Auguste vint au monde ! L'âme à minuit semble s'attendrir davantage : le coupable trouve l'heure solennelle ; le poète et l'amant sublime et tendre : la divinité semble avoir placé un rayon de sympathie entre cette fraction du jour.. Un homme, accoudé sur le balcon de sa fenêtre, regardait les nuages se croiser lentement dans le ciel ! La nuit était chaude : on était au mois de juin. Une brise embaumée, passant sur la mer, rafraîchissait l'atmosphère et laissait aux plantes langoureusement inclinées, ouvrir leur calice, au voyageur brisé de fatigue, battre avec bonheur sa poitrine et son cœur plein d'amour. La rivière d'Orb , dont le roulement saccadé se perdait dans le lointain , arrivait par intervalle à l'oreille du penseur et semblait aggraver son attention.

Rodolphe, car c'était lui , tira son regard de dessus le ciel où il évoquait un rêve, et suivant le rayon de la lune qui tombait obliquement sur une maison noircie: — Elle est là, se d.t-il , celle pour qui je soupire, celle que j'adore. Les malheurs l'abattront !.. mais la patience évangélique lui restera. Fille de Zaïre , elle saura qu'un jour il y aura une résurrection et que l'Éternel vengera tant de vertus opprimées, tant d'injustices parlantes !... Son frère est captif !.. son frère Paul !.. Oh ! désolation de mon âme !.. Hélas! que la chaîne ne nous eût-elle uni tous deux ?.. Mais comment aller lui annoncer cette fatale nouvelle ? . Tout dort et l'ange de la paix doit faire entendre ses doléances et ses gémissements à travers la ville affligée!.. Oh ! Montfort, Montfort, que tu auras de choses à te reprocher devant ton Dieu ! !... N'as-tu pas sucé le lait d'une mère, et, dans ces entrailles humaines, ne sens-tu pas battre le charme de la compassion ?.. Vois cette cité morte, ces maisons détruites et cette panique générale... Ah ! tu respire à l'aise les honneurs de ta gloire?.. Mais va , viendra un jour où tous tes lauriers tomberont. N'as-tu pas connu le songe de Nabuchodonosor , de ce fameux roi de la vanité ?.. Cesse donc, cesse tes persécutions injustes: Béziers est reconnaissante : elle élèvera un monument à ta gloire si tu es humain...

Et ces paroles prononcées, ce monologue fait, Rodolphe rentrait dans sa tristesse accablante. Ni le mouvement des sentinelles qui se passaient le mot d'ordre , ni le va et vient des patrouilles qui veillaient à la sûreté, rien ne pouvait le distraire de son abattement.

Alors il vit dans le camp des croisés un échaffaudage se dresser et des prêtres offrir le sacrifice divin sur cet échaffaudage. De nombreux accolytes assistaient ces pieux prélats qui élevaient pleins d'allégresse leurs mains augustes vers le ciel.... L'odeur des encens et de la myrrhe, tous ces pieux cantiques portés sur l'aile des zéphirs ébranlèrent les sens de Rodolphe, et il demanda à Dieu dans une contrition parfaite le pardon de ses fautes :—Mon Dieu, dit-il : que ces grands monceaux de cadavres entassés sur un sol étonné, ne soient point un objet de réprobation pour ta justice éternelle ; mais bien la voie qui mène au salut!

— Maître ! lui dit l'esclave qui veillait à ses côtés : ne savez-vous pas que tandis que les croisés entonnent leur chant de triomphe, ils se préparent au combat?

— Oui, bon Raoul, répondit Rodolphe ; mais je suis étrangement surpris par l'usage imprévoyant qu'ils font du sang de la Victime Auguste.

— Quittons ces lieux, maître, repartit l'esclave : l'étoile de Vénus va passer sous l'horizon et le chant de la terreur commencera bientôt.

— Oh! non, observa Rodolphe ; quitter ces lieux, Raoul !... Ils sont trop chers à ma mémoire... Mes *vélites* sont fatigués : laissons-les reposer, ces braves. Quand ils se lèveront, leur ardeur sera sans frein !

Et Rodolphe regardait encore ce paysage désolé et cette campagne déserte où l'écho de la sollicitude était si insensible à la voix de l'humanité.

Alors il vit dans une autre partie du camp un autre spectacle qui n'en était ni moins triste ni moins désolant.

Des prisonniers sortaient en foule de diverses tentes , et , conduits auprès d'un *pilori*, ils subissaient là le supplice de la plus cruelle flagellation. D'indignes sbires mettaient en lambeaux la chair de ces édifiants martyrs , et puis ils les renvoyaient à leurs tentes, les membres pantelants et en désordre.

Un jeune homme s'avança, couvert d'une couronne insigne , et ceint d'une ceinture de lin. Rodolphe reconnût Paul. A cette vue, son sang se figea !... — Toi , dit-il , tu n'oublieras pas que l'amitié t'accompagne , et , tirant en même temps son cor, il lui envoya un de ces sons d'intelligence et d'action qu'ils s'adressaient lors de leurs excursions nocturnes.. Paul leva ses yeux vers le rempart et distingua Rodolphe. Il lui tendit une main suppliante et d'adieu. Celui-ci posa sa main sur son arc , rassura sa flèche et dirigea sur le sicaire un trait qui lui fit payer cher son insolence.

Ce signal fut le signal du combat; tout le camp en entier se leva, et Béziers, troublée dans sa solitude profonde, solitude qui pour lui avoir laissé un peu de repos ne lui avait pas enlevé les songes funestes, secoua aussi sa torpeur léthargique et s'adonna encore une fois à cette lutte qui devait être son tombeau.

Je ne vous chanterai pas, actions héroïques qui éclatâtes en ce moment, hommes de mérite et de vertu qui lutâtes pendant des journées entières contre la force , l'inclémence et la barbarie ; non , je ne vous chanterai pas. Il appartient à d'autres plumes plus dignes et plus éloquentes que la mienne de faire ressortir ce tableau où monta si haut votre amour. Interprète de vos destinées, fidèle narrateur de vos magnanimes exploits, s'il m'est permis d'ajouter quelque chose à cette poudre sainte qui vous couvre, je dirai que si vous eussiez été moins décimés, vous seriez peut-être moins dignes de nos louanges!...

A dix heures, à la chaleur du combat, Rodolphe eut aussi une pensée de tristesse et de terreur pour ces ravages de la tourmente. Comme Elieb, il considéra avec désolation et ces murs détruits, et cette clameur générale, et cette chute toujours croissante, inévitable. Oh! alors, il comprit qu'il ne pouvait plus être le héros de la cité, celui vers lequel devaient se tourner tous les regards, converger en quelque sorte toutes les infortunes. Mille sentiments divers l'assiégeaient ; son âme était en proie aux appréhensions les plus sombres. Il se tourna vers Raoul, vers son esclave qui veillait toujours fidèle et soumis à ses côtés :

— Bon esclave, lui dit-il : n'aurais-tu pas le courage de ce spartiate qui, voyant que son maître allait tomber dans une catastrophe inique, le perça de sa lance ?

L'esclave recula terrifié ; un murmure sourd et plaintif erra sur ses lèvres.

— Oh ! nou, dit-il, avec l'accent du plus grand désespoir ; non !... Absalon fut un roi impie, un fils rebelle, et cependant son écuyer refusa de le tuer. Pourquoi vous qui êtes les gloires et les délices de la patrie, voudriez-vous mourir d'une mort si infâme ?... Ah ! maître, je frémis devant une pareille action !... Et puis, devrais-je être ?...

L'esclave comprit qu'il en avait trop dit, et, consultant son carquois, il s'amusa à supputer le nombre de ses flèches.

— Oh ! Raoul, ajouta Rodolphe : ne joue pas ainsi avec le danger !... Je sais trop bien ce qu'a prédit Ordener !... As-tu été voir Elvire ?

A ces mots pleins d'une sentimentale affection , une larme grosse et éclante brilla sur la joue de Rodolphe.

Le domestique parut faire un effort pour répondre à l'invitation de son maître et , rassemblant tout ce que lui donnait de force , le courage et la soumission à une autorité légitime :

— Oui , répondit-il.

— Que faisait l'enfant ? insista Trencavel.

A cette question inattendue , Raoul rendit la bride de son cheval en signe de désespoir , et le regard animé et la parole tremblante :

— Elle était à demi-couchée dans un fauteuil , dit-il ; un gros chien des Alpes veillait à ses côtés , .. du sang s'échappait aussi de ses mains !...

— Du sang !.. bon Dieu !... s'écria Rodolphe ; du sang !... Eh ! tu n'as pas été là pour la secourir ?...

— Ah ! maître ; elle était si belle et si persuasive dans sa douleur même , que les anges eussent respecté son martyre !... Le Saint d'Israël à son tombeau ne fut ni plus attrayant ni plus sublime !...

Une exclamation déchirante s'échappa de la poitrine de Rodolphe , pareille à celle qui s'échappe de celle du Circassien, quand une flêche ennemie lui a percé le cœur !

— Volons vers Elvire ! dit-il avec l'accent de la terreur; volons vers elle et sauvons-lui le jour !

Un carrosse fut bientôt attelé , et le véhicule roula dans les rues. La multitude étonnée qui , du haut des clochers ou du faîte des remparts regardait défiler le singulier cortége , croyait à un corbillard de morts portant en terre quelque *illustre trépassé.*

. . . .

Elieb écouta ce bruit du carrosse dans les rues, puis son roulement saccadé et uniforme sur le parvis de la maison. Le bon domestique quitta pour un instant sa maîtresse, et, se plaçant devant la porte de l'antichambre, il résolut de défendre le palais de ses seigneurs ou de mourir en héros.

Pendant ce temps, Rodolphe montait gravement l'escalier en homme qui pense et qui médite. Quand il fut sur le palier de l'antichambre et qu'il vit un esclave s'interposer devant lui :

— Qui es-tu ? lui dit-il, et quels ordres as-tu à donner au Commandeur de la cité ?.

Elieb s'étonna d'abord et rougit tour à tour... puis, voyant briller la décoration de *la chevalerie* sur la poitrine du héros, il alla la baiser.

— Le devoir et la protection que je dois à mes maîtres, font que je veille constamment à la conservation de leurs jours... Néanmoins, vous pouvez entrer, seigneur, dit-il.

Elvire entendit ces mots de : *vous pouvez entrer !*... et élevant ses regards et ses mains augustes vers le ciel, elle se dressa incomparable et sereine au milieu de la salle, pareille à une madone qui pleure et qui prie !

Rodolphe entra, et, consterné, l'aperçut dans cette pose aussi suppliante que méditative.

Il ne put contenir son émotion :

— Quel tourment vous afflige ? ange du paradis, dit-il.

— Votre intrusion impolie et intempestive dans cette salle sans être annoncé, insensé ! dit-elle.

— Oh ! fille vénérable, reprit Trencavel, la considération que je vous porte et mon dévoûment à ceux de votre cause m'ont fait oublier tous mes mes devoirs, même les plus précieux.

— Oublier vos devoirs ! eh ! ignorez-vous que la *convention* patriotique, vous appelle à stationner au milieu des victimes ?

— Quelle victime plus entraînante et plus séduisante que la vôtre, pour mériter mon concours, noble reine ?

— Ah ! pourquoi m'abreuver de chimères, Rodolphe ?.. Je suis la fille de la mort !...

Alors on entendit un craquement épouvantable s'échappant du côté haut de la ville : c'était le rempart du Nord qui cessait de résister aux attaques du bélier.

Soudain, un homme effaré monta ; ils s'introduisit dans la chambre... Il portait une arme redoutable et vint brandir cette arme au-dessus de la tête d'Elvire. Rodolphe le perça de son epée, le prit à-bras-le-corps et le jeta dans la rue où il tomba sur d'autres cadavres.

. . . .

C'était un croisé qui avait envahi pendant la chute du rempart.

Ciel !.. s'écria Elvire... Oh ! de Paul !.. mon frère !... et elle retomba sans mouvement aucun sur le fauteuil d'où elle s'était levée... La blessure qu'elle avait reçue au bras se rouvrit et Rodolphe regarda couler ce sang vermeil qu'il eût voulu étancher de ses lèvres brûlantes...

— Oh ! Elvire, dit-il : quel est ce coup que vous avez reçu ?

— Un eclat de pierre, répondit-elle.

L'esclave alla prendre un peu de baume d'Arabie et il en pansa la plaie de sa maîtresse.

Quand cette opération fut terminée :

— Voulez-vous me suivre , Elvire ? lui demanda Rodolphe ?

— Vous suivre! oh ! non, répondit-elle : l'honneur veut qu'on meure vaillamment à son poste.

— Mais Montfort n'est pas inhumain , il entendra vos raisons quand vous les lui soumettrez.

— Comparaître devant Montfort, moi !.. devant ce persécuteur des chrétiens !.. Essayer d'émouvoir son tribunal impie !.. Jamais !. jamais !!! Le palais qui m'a vu naître doit aussi me voir mourir. Il y a plus d'honneur , Rodolphe , a mourir héroïne sur les cendres de ses pères que de vivre esclave et parjure à l'abri d'un trône tristement usurpé... Oh! non, jamais la fille de St-Jacques ne s'abaissera à baiser le sceptre impur d'un tyran !

— Vous ne voulez donc pas vous départir de vos idées extra-magnanimes.., Elvire? Songez que vous pouvez sauver votre frère en vous sauvant vous-même.

— Jamais !.. jamais!., ajouta-t-elle encore... Mon frère est trop noble; il saura que la mort est la victoire chantée sur la dépouille des preux.

Et à ces mots, elle versa d'abondantes larmes, larmes qui coulèrent sur son col mat et bruni... Rodolphe considérait ces larmes qui ruisselaient éclatantes sur le sein de la eune fille... Tant de stoïcité d'âme, tant d'ingénuité dans le caractère , tant d'enthousisme civique dans une existence si jeune enflammèrent sa raison, et, transporté d'une ardeur sainte, flamme sacrée :

— Enfant ! dit-il : je vous aime, enfant !.. je vous adore !

Et prenant en même temps le voile qui couvrait ses épaules chastes , il le porta à sa lèvre et l'agita en l'air comme une dépouille souveraine et consolatrice.

— Oh ! assez , s'écria Elvire ; assez !.. Vous m'outragez , Rodolphe ; vous m'outragez ! Entendez ces cris déchirants qui s'élèvent dans les rues !.. Dieu nous voit et il peut nous punir !.. Oh ! Trencavel, cessez de me persécuter : le ciel est armé de colère contre nous !

— Hélas ! pourquoi vous quitter seule , enfant ?

— Partez ! Rodolphe ; partez !..

— Saint Aphrodise !.. s'écria Trencavel.

— Partez ! Rodolphe ; la loi le veut, la loi le commande : partez !..

Le ton impératif qui dicta ces paroles , cette prépondérance qu'aura toujours la femme sur l'homme , tout décida de la détermination de Trencavel, et il quitta cette chambre où il n'avait vu du bonheur que les furtives apparences ; mais où la douleur lui était apparue avec ses poignantes réalités.

Le carrosse roula encore dans les rues... Quand Elvire n'entendit plus son séducteur, quand elle entendit au loin s'effacer le véhicule, elle tomba à genoux devant son prie-Dieu , son unique espoir et sa seule espérance.

XI.

Le Prisonnier.

Que me fait à moi le courroux des méchants,
pourvu que mon âme soit belle.

Quittons pour un moment ce lieu de combats et d'é-
preuve, et transportons-nous au camp des croisés.
Une existence trop noble nous y intéresse et nous ne saurions l'éliminer de ce tableau où elle occupe une place si
importante.

Paul, avons-nous dit à notre premier chapitre avait été
fait prisonnier au camp des croisés... Sa tente était assise
sur le bord d'un ruisseau appelé le *noir-Torrent*, et le
pied de cette prison mobile trempait dans le courant lim-
pide... Le jeune captif était couché sur un lit de feuilles
sèches, une lourde chaîne était rivée à ses pieds et sa tête
reposait sur un roc de basalte saillant dans l'angle de la
demeure. Il regardait d'un œil inquiet et triste le soleil
levant qui perçait de ses rayons vaporeux la toile mal jointe
et les nuées humides qui passaient vite dans la vallée...
Le cliquetis des armes, le bruit du camp, les exclama-
tions guerrières de la ville n'arrivaient que confusément
à son oreille; il prêtait son âme tout entière à la voix de
la divinité, de cette divinité qui parle si bien dans le calme
comme dans la tempête! La religion aura toujours des

charmes pour celui qui l'interroge ! elle calme les souffrances, adoucit les peines de l'exil, étanche la soif ardente du malheur ! Fille de l'Eternel, elle semble n'avoir
été appelée ici-bas que pour semer son parfum sur des
infortunes... Le pauvre prisonnier, dans un léger mouvement d'impatience, secoua sa lourde chaîne dont les
gros chaînons vibrèrent sonores sur le sol, et avançant sa
tête où rayonnait une majesté sainte au-dessus de l'onde ;
— Si jeune! dit-il ; si jeune flétri !.. si jeune déshonoré!..
Oh ! mort, qu'il est cruel ton aiguillon ! douleur, qu'il
est funeste ton empire ! Mais tout passe ici-bas: le vent
qui siffle dans la vallée, le soleil qui s'ébat sur mon grabat, le ruisseau qui coule à mes pieds, et moi, je dois
avoir aussi une fin !.. Demain, peut-être quelque indigne
forcené viendra chanter sur ma tombe une ballade qui ne
sera plus celle de l'amour et de la reconnaissance !...
Oh ! lauriers conquis sur un peuple Musulman ?.. Croix
de Jérusalem dont j'étais si jaloux ! à quoi me servirez-
vous ? Les gloires de ce monde passent comme un vent :
ut ventus transit gloria mundi : comme moi, riches tro-
phées, vous rentrerez demain dans la poussière !

Et à ces mots, le prisonnier laissait tomber négligemment sa tête sur ses épaules ; et les nattes de ses cheveux
se déroulaient moites et humides sur son sein. Alors il
passa sa main sur son front, sur son front qu'une sueur
livide envahissait et qu'avait noirci le feu des batailles :—
Ma sœur Elvire est captive aussi ! continua-t-il, dans une
expression de regret et de douleur sympathiques: Oh ! foyer
de mon amour, centre de toutes mes affections, dernier
lien qui m'attaches à ma famille, comment te préserver
de la corruption générale? Le vice est monté en honneur
sur le trône de la vertu, le crime est acclamé par toute la
terre... Va ! je t'ai laissé mon beau crucifix, ce crucifix

qué j'ai appris à aimer et à vénérer au Mahométan re-
bélle... Embrasse-le, celui-là, Elvire ; il te portera
bonheur ; il n'épanche ses faveurs que dans l'infortune !..

Et à ces paroles toutes pieuses et toutes prophétiques,
le prisonnier versait des larmes, sublime effusion qui
traçait de riches sillons sur son noble cœur et sa mâle
poitrine... Paul vit comme une ombre qui passait devant
la porte de sa prison ; il ne crut pas à cet égarement de
son être ; il supposa une illusion, et retombant sur son
grabat, il puisa dans les contemplations évangéliques les
forces qui lui manquaient pour monter à l'échafaud. Alors
il vit Daniel avec sa fosse, les Macchabées avec leur supplice, Pierre dans la prison. Il osa avec l'illustre Prisonnier saluer l'ange qui venait le délivrer de sa servitude,
et cette fois-ci, l'ombre s'étant dessinée plus épaisse, et
un léger souffle s'étant fait entendre au dehors, Paul se leva
sur son grabat et attendit anxieux et timide .. La porte
de sa cellule s'ouvrit, et un homme se présenta plein de
trouble et de mystère.

— Est-tu une illusion ou un fantôme ? lui demanda
Paul.

L'inconnu serra sa simarre, et mettant son index sur
sa lèvre, il fit signe à de Paul de se taire.

Alors, il avança vers le gîte et y déposa un petit paquet qu'il tenait.

— Ecoute ! chrétien, lui dit-il, et ne dis pas mot,
car, du silence que tu garderas dépendra ta vie ' D'abord,
connais-tu celui qui te parle ?

Paul resta ébahi et examina de la tête aux pieds son
interlocuteur.

Celui-ci tira de son paquet un petit instrument qu'il y

tenait caché , et agitant un petit morceau d'osier en l'air, il en fit sortir des signes fantasmagoriques qui peuplèrent la tente.

Paul restait toujours extasié de surprise.

— Ah ! tu as la mémoire ingrate, pauvre malheureux ! lui dit l'étranger, eh ! bien , je vais aider ton intelligence et il s'assit sur le roc dont la surface se teignit sur le champ d'une réverbération sinistre.

— Voici , devant toi, lui dit-il , d'une voix à peine intelligible , le redouté de la Province, celui qui jadis fit trembler de frayeur les montagnes Arméniques et qui plus d'une fois abattit de sa main forte les taureaux sauvages dans les tournois Castillans. J'étais jeune, très-jeune encore, on me fit donner une espèce d'éducation dans les montagnes de l'Helvétie. Je ne parle pas de cette éducation qui polit l'âme et en fait un miroir charmant où se reflètent toutes les vertus : la famille à laquelle j'appartenais n'avait pas assez de moyens , ne disposait pas d'assez de ressources pour faire du cœur d'*Uldovic* (c'est ainsi qu'on m'appelait) , un cœur noble et en rapport avec les inclinations mâles et héroïques de la Suisse ! La Suisse est un pays essentiellement guerrier ! Elle enfanta de tous temps des conquérants : elle a une propension toute particulière pour la liberté Sainte... Je végétais avec mes chèvres que je menais paître dans les Alpes Génevoises, au milieu de ces Alpes que tant d'antiques souvenirs recommandent. J'étudiais leurs folâtres écarts, leurs incomparables bonds , leurs singuliers caprices ; avec elles, j'escaladais la cîme des rocs , sautais par-dessus l'abîme, me perchais avec bonheur sur un évasement du précipice : jeux enfantins ! jeux innocents ! qui faisaient que ma vie se familiarisait ainsi avec le danger ! Pourquoi l'homme ne coule-t-il pas ainsi ses jours à l'ombre des soucis de l'avenir? Pour en être moins prudent, il n'en serait pas moins heureux, et Dieu, qui protége tout, protégerait aussi bien le ver qui rampe sans appui sur la terre que l'aigle qui se blottit fort dans son nid de granit. Trente ans se passèrent ainsi dans l'oubli des conditions sociales, au milieu des satisfactions du bonheur champêtre. J'animais les échos par les accents de ma flûte, je prenais plaisir à faire vibrer ces tristes accords qui accompagnèrent Albert dans sa tombe! Pauvre Albert qui n'emporta à son trépas que les flétrissures d'une nation ingrate! Le talent gémit, jeune esclave; il trouvera toujours dans son élévation suprême ou une main jalouse ou une main ennemie qui en captivera l'essort ou en opprimera la destinée... Enfin, à cette époque, la France et l'Angleterre armaient pour la Terre Sainte! Je m'enrôlai dans cette valeureuse expédition qui aura un retentissement immortel dans l'immensité des siècles! Quand la croisade arme, c'est pour un but sublime! J'acquis à Acre la croix de Baudouin Ier; mais je ne devais pas jouir longtemps du fruit de cette mémorable conquête. L'âge, lui qui est sans pitié, rida mon front; les heures, elles qui sonnent terribles, blanchirent mes cheveux, et je sentis avec le dépérissement de ma jeunesse, diminuer mon amour pour ces magnanimes combats. Je rentrai dès lors en France où je m'occupai de l'étude de la magie. La magie a toujours eu pour moi des charmes particuliers! Je m'abîmai avec Corneille Agrippa dans l'appréciation des lois savantes de la nature; j'en étudiai les différentes phases, les innombrables révolutions, ma réputation s'étendit sur une vaste échelle. Tout le monde était rempli de mes merveilles! Philippe-Auguste lui-même, notre roi par excellence, me fit appeler à sa cour pour conjecturer et je charmai son sort, captivai ses désirs. Cependant , arrivé à Pézenas pour étudier de près cette guerre qu'on appelle *Albigeoise* , je fus déplorablement interrompu dans mes dissertations par des insensés qui se rendaient à Montpellier...

— C'est vous qui étiez à Pézenas ? interrompit vivement de Paul.

— Moi-même , répondit le vieillard : tu vois donc que je ne suis *ni une illusion ni un fantôme !*

Arrivé à Pézenas , continua-t-il , je fus déplorablement interrompu dans mes dissertations par des insensés qui se rendaient à Montpellier. L'un d'eux se nommait Rodolphe, je crois ; il m'attendrit dans mes recherches par ses emportements déchirants ! Il était épris amoureusement d'une jeune personne qui habite actuellement Béziers et je ne pus lui préd re que malheur !... Son horoscope était si mauvais ! Cependant , touché de compassion pour son sort et pour celui de la jeune personne à qui il s'intéresse , j'ai enfreint toutes les lois de la discipline militaire et me suis introduit ici dans le camp de Montfort afin de leur être de quelque secours !

— Votre tâche est bien méritoire , vieillard ! Cependant, ne craignez-vous pas le courroux de Montfort en entrant si impunément dans son camp ?

— Montfort est un de mes amis... le malheureux !... I sait la reconnaissance qu'il me doit ! répondit Ordener.

— Oh ! que ne pouvez-vous quelque chose pour moi, vieillard ! dit de Paul.

— Je puis quelque chose pour toi et pour ta sœur. Mais, quel est ce fanatisme aveugle qui te fait tant t'attacher à la vie, jeune homme ? Tu parais si enthousiaste et pourtant si flétri d'amertume !

— J'y tiens pour cet *être chéri !*.....

— Eh ! bien , bois à cette coupe, lui répondit Ordener, et tu auras l'immortalité !

Et soudain , il lui présenta un crâne de cadavre dans lequel bouillait et pétillait du sang humain.

— Oh !... fit Paul avec une expression terrible: boire à cette coupe , moi !... eh ! si elle récélait le sang de mon père !

— Hélas ! jeune homme , tu n'es donc pas fort , je le vois , reprit Ordener avec un ricanement satanique : bois, te dis-je !

Paul avança sa lèvre qu'il retira vitement ; un frémissement s'emparait de tout son être.

— Tu hésites ! champion vaniteux , tu hésites ! lui dit encore le sorcier; eh ! bien , tu mourras!... car , ainsi que je te l'ai dit , de ton obéissance, dépend ta vie.

Paul trempa sa lèvre dans le liquide fumant...

— Jésus ! s'écria-t-il avec une expression horrible : Ordener , tu m'as donné la mort !

— Oh ! non , reprit le vieillard : je t'ai donné la vie qui couronne et qui pardonne, la vie qui règne et qui fleurit, et en même temps, il lui plaça une bague au doigt.

— Tiens , ajouta-t-il en lui mettant la devise superbe : n'oublie pas que quand Montfort aura prononcé sa sentence contre toi , il te faut lui montrer cet anneau: c'est la seule pierre d'achoppement qui puisse lui faire entendre raison. Cette dépouille *souveraine* a été conquise sur une habitation malheureuse.

— Eh ! quelle est cette habitation ? demanda plein de transes , Paul.

7

— Le château de Servian !

— Le château de Servian n'est plus ! dit-il attendri. Hélas ! qu'ont dû devenir ses genéreux propriétaires ?

— Ils sont tous morts ! reprit vivement Ordener ; ils sont tous morts !... Déplorable Ninive, Servian et ses dépendances ont péri !...

— Oh ! mes nobles compagnons , mes bien-aimés frères d'armes ! dit en frémissant, de Paul. — Combien vous avez dû souffrir dans la lutte !

— La boucherie a été des plus cruelles , repartit vivement Ordener : les annales de la cruauté et de la barbarie n'offriront jamais rien de pareil.

De Paul comprima sa poitrine dont les soulèvements irréguliers laissaient voir à découvert les stigmates injurieux qu'il avait reçus dans le supplice du pilori.

— Mon Dieu ! fit-il.

— Tu te désoles et tu gémis , jeune brave ?... laisse-les, ces preux ; ils sont morts en Dieu !

Et tandis qu'il parlait ainsi, le vieillard abaissa sur le visage du jeune homme son visage aux longs rides et y colla un baiser.

Celui-ci, dans cette expressive accolade , reconnut toute l'affection d'un père.

— Oh ! que vous êtes bon pour moi ! mon père , dit-il à Ordener , et il tomba à ses genoux.

Alors on entendit un bruit immense dans le camp; un cliquetis affreux d'armes et des fanfares épouvantables.... Des hérauts à l'inexprimable furie criaient à haute voix : « *Levez-vous ! fils d'Innocent III , légionnaires de Montfort, levez-vous!!*.. La citadelle est à nous, ce soir la ville!!! »

— Mon Dieu ! murmura à voix basse de Paul : quel malheur !... nous sommes perdus !...

— Courage aussi à toi , fils de la Sainte-Alliance ! lui répondit Ordener : ta tête ne mérite pas de tomber dans la moisson sacrilége.

Paul plongea sa lèvre dans le torrent où il puisa une nouvelle force.

— Ne dois-je pas mourir , mon père ? fit-il avec une expression de plus en plus confiante.

— Non ! tu vivras pour ta sœur ; tu vivras pour confondre et humilier les maudits !

L'infortuné agita ses chaînes dont les chaînons retentirent stridents , et, élevant ses regards vers le ciel :

— Pardonne, ô mon Dieu !... sois béni, mon Dieu , dit-il.

— Relève-toi, fier combattant de la gloire du Christ , lui dit Ordener ; relève toi !

Paul se dressa debout sur le grabat et contempla le vieillard avec sourire.

Celui-ci l'entoura d'un regard dont l'expression est ici inexprimable , et avec tous les rayonnements et les charmes de son âme prophétique :

— Voici venir le sbire qui vient te prendre, lui dit-il... Va ! mon fils , comparaîs devant Montfort et sois surtout prudent. N'oublie pas la consigne que je t'ai inviolablement donnée.

— Vous me quittez ? oh ! mon père !.. s'écria de Paul.

— Oui ! il le faut ; ma mission est ailleurs..... et le vieillard rassembla ses hardes.

— Que deviendrai-je ! dit le captif souffrant.

— La bague ! lui cria Ordener , et il n'avait pas achevé ces mots qu'on entendit le sable du camp crier et la porte de la prison s'ouvrir.

Ordener s'effaça derrière le roc et Paul tomba à genoux auprès de la barrière sacrée en prononçant ces mots :

— Mon père !...

Effrayé, par cette intonation étrange, et, voyant plutôt un spectre qu'un homme devant lui, le sbire recula épouvanté devant la porte de la prison.

XII.

Le Traître.

L'hypocrisie sous le masque de l'ingénuité est plus redoutable que le couteau suspendu sur la tête du coupable.

Loin de nous, accueils flatteurs, discours où le mensonge préside!.. Loin de nous, vous aussi, piéges tendus à l'innocence et au saint amour, paroles fallacieuses où sombre la belle, la douce raison, loin de nous! L'homme sur cette terre ne doit point se nourrir de duplicité, d'inimitié, de haine et de vengeance! Non, il a une âme créée à l'image de Dieu et il doit conserver toujours sublime, ce dépôt sacré qui lui a été confié. Pourquoi cependant voit-on tant de désunions et tant de discordes? L'avare se passionne pour une chimère de laquelle il ne devra pas longtemps jouir; l'égoïste se meurt à idolâtrer une passion brutale; l'injuste et l'homicide trempent leurs mains dans le sang; ils commettent à tout instant des actions basses et deshonnêtes!... le fourbe et le calomniateur vous assassinent en plein jour et de sang froid!... Oh! nature humaine, combien tu es vicieuse et corrompue!... Travaille, travaille à ta perfection. Vois l'oiseau des champs; il ne demande pour satisfaire ses désirs, pour consoler son existence, qu'un peu de soleil et cet air suave et pur qui traverse nos belles montagnes.

Son nid n'est point fait d'orgueil ; c'est un peu de paille ou de mousse ; il n'envia jamais le domaine de son voisin ; il ne s'occupe pas de ce que font ses frères ! Comme lui, coule des jours sans souci, aie des moments sans amertume ; surtout, ne profane jamais ce tribunal sacré que Dieu a placé au fond de ton être, ta conscience... Avec cela, ô homme, tu seras heureux... Tu te passionnes pour des futilités, pour des illusions trompeuses ? Laisse, laisse ces infimes hochets de la fausse fortune : le ciel veille au salut de ses enfants ; il prendra soin de tes jours, car il sait que ta vie lui est précieuse.

. . . .

Deux heures venaient de sonner à Pézenas. La salle de Renaud était évacuée ; quelques miettes et débris de volaille stationnaient sur la table comme restes ou comme rebuts d'une fête ou d'une orgie nocturnes. Le quinquet brûlait toujours au plafond enfumé ; il jetait une lueur blafarde dans l'appartement. L'avare aubergiste comptait et recomptait quelques sous melgoriens que lui avaient laissés ses illustres hôtes : l'acerbe Marie venait de déposer sa quenouille ; elle renouait sa chevelure et s'apprêtait à aller réparer un sommeil regrettablement suspendu..... Dans l'âtre, la flamme jetait une lueur mourante et expirait dans un tourbillon de fumée opaque et d'odeurs nauséabondes, quand deux violents coups frappés à la porte du logis forcèrent l'hôtelier à aller ouvrir.

— Maudit état ! dit-il entre ses dents et il poussa le loquet de la serrure dont les ressorts criards troublèrent le silence de la nuit qu'aucun être n'osait profaner en ce moment.

Deux hommes apparurent sur la porte grande ouverte.

L'un de ces hommes accusait trente-six ans tout au plus, l'autre trente-deux.

— Es-tu de notre *ligue ?* demanda l'un d'eux à l'hôtelier.

— Oui, seigneur, répondit celui-ci.

— Quel est ton grade ? continua de demander l'interlocuteur.

— Centurion.

Montfort, car c'était lui, s'assit et fit un signe *expressif* à son confrère qui, lui-même, déroula aussitôt une longue carte et prononça ces mots d'une voix intelligible :

— *Prise du château de Servian, razzia complète de Béziers et de Carcassonne, destruction totale de Toulouse.*

Renaud leva sa main à cette interprétation ; mais à peine eût-il opéré cette formule sacramentelle, que la salle fut envahie par un violent coup de sifflet et que neuf satellites apparurent.

— Voilà votre chef, leur dit le comte de Leycester : reconnaissez-le pour tel. Malheur à quiconque le reniera !....

La bande insurgée fit entendre le cliquetis de ses sabres, vociféra des imprécations cabalistiques et l'on ne se sépara qu'après des protestations d'amitié et d'obéissance !

Le comte de Saint-Paul, le second des voyageurs, en pliant sa carte et en quittant l'hôtel, jeta un coup d'œil l'investigation sur Renaud et il s'écria : — Trahison !... Néanmoins cette exclamation fut sans écho, car les conspirateurs étaient trop occupés de leur sujet et des circonstances qui les amenaient en ce lieu pour en étudier la portée.

Resté seul avec sa femme, l'aubergiste fut en proie aux

terreurs les plus sombres. Il se mordit plusieurs fois les lèvres et les doigts de s'être fait conspirateur, et se jurant de ne pas lever le poignard contre qui que ce soit , il essaya d'aller dormir. Mais mon Dieu ! quelle nuit !... nuit d'angoisse et de trouble ; les songes les plus funestes l'assiégaient. Il quitta sa chambre et passa chez Ordener pour y trouver la consolation. Le vieillard était occupé à écrire ; une veilleuse brûlait sur sa table de bois de sapin. La méditation dans laquelle il était plongé était trop forte pour qu'il fit attention à celui qui était entré. Renaud, ne voulant pas déranger l'illustre savant , prit place à côté du foyer sur une natte fastueusement étendue. Là , il repassa encore ces tristes désolations dont son âme était accablée : — Le frère tuera le frère , se dit-il , la sœur, la sœur, l'époux , l'épouse ; ce sera une *boucherie cruelle et sans exemple !* O nature humaine , que tu es avare dans tes désirs ! que tu es funeste dans tes caprices !...

L'exclamation par laquelle Renaud prononça ces derniers mots fut si grande , qu'Ordener se retournant, vit l'hôtelier en butte avec les symptômes les plus alarmants de l'agonie.

Il ranima par des essences vivifiantes ses sens abattus , et , avec l'affection d'un père :

— Qu'est-ce qui te trouble , Renaud ? lui dit-il.

— Cette guerre injuste et insensée , reprit l'hôtelier.

— Pourquoi as-tu donc signé la *conspiration ?*

— Par amour de religion et non par vengeance !

— Tu ne saurais cependant rétracter ta promesse ?

— Je la rétracterai ou je m'ôterais plutôt le jour !

— As-tu donc quelque chose qui t'intéresse dans la ré-vocation pour te parjurer ainsi, Renaud?

— La charité et rien que la charité, Ordener!... Assassiner des frères, moi!... oh! horreur!!!

— Hélas! pitoyable énergumène, je le vois, tu vas trahir!...

— Oui trahir, reprit Renaud; mais pour l'amour de mon Dieu.

— Cesse donc ton commandement, Renaud; ne cause pas une double ruine: tu vois la confiance qui t'entoure de toutes parts.

— Oh! non; il faut que mes hommes partagent mon triomphe, savourent mes gloires, reprit l'hôtelier avec une satisfaction sereine.

— Si tu détournais ce châtiment que j'appelle châtiment du ciel, étrange matamore!

— Le ciel ne m'en serait que plus propice.

— Allons enfant, lui objecta Ordener, et son expression devint toute pathétique: N'oublie pas que l'évang.le t'apprend que *nul serviteur ne peut servir deux maîtres, ou qu'il haïra l'un ou qu'il aimera trop l'autre....*

— C'est uniquement cette question qui m'encourage, Ordener! N'ai-je pas promis mon intègre poignard à de Paul?

— Et ton âme, et ton âme, ô vampire inconséquent!

— Et mon âme à Dieu et non à l'enfer, Ordener!

— Tu es donc un sacripant; tu es donc un traître!

— Oui un sacripant, oui un traître; mais un sacripant et un traître pour l'amour de mon Dieu!

Après cette fulgurante altercation, l'hôtelier et le sorcier se quittèrent sérieusement froids. Ordener continua la co-

´ordination de ses notes ; Renaud regagna son gîte où il se jeta comme un homme désespéré et repentant.

. . . .

Quand le soleil eut doré de ses premiers feux les monts de Bessan et que la vallée de la Peine, *vallis de Peina* frémit sous son apparition suprême , Renaud se démena dans son lit et s'occupa dès lors des préparatifs de son voyage. Il harangua ses hommes , cohorte soumise et intelligente , et se dirigea sur Béziers , tambours et lanciers en tête. La prise du *château de Servian* fut le premier signal donné pour tromper les suspicions légionnaires. Il conquit là avec la plus froide aversion : les remords le dévoraient. Enfin, arrivé devant Béziers , son nom passa de bouche en bouche; on le félicita , on le complimenta ; Montfort même lui érigea publiquement des triomphes ! La table du général en chef était la sienne , ses confidences étaient les siennes aussi : il présidait souvent même à sa place. Elevé à cet honneur insigne , marque caractéristique dans les graduations de la hiérarchie et gratitude militaires. Renaud , comme un illustre prisonnier des temps Judaïques, n'oubliait pas ses pauvres frères qui gémissaient dans les fers. Chaque fois qu'il rendait des jugements, qu'il prononçait des sentences , ce n'était toujours qu'avec un tremblement vrai qu'il révélait les interprétations du code. Or , ce jour-là , il y avait animation complète au camp ; la mâle figure des soldats exprimait la joie la plus vive ; la satisfaction la plus tendre ; on attendait un des principaux coupables et c'était un grand prisonnier. L'huissier , chargé de transmettre le compte-rendu de la séance, déposa sur le bureau une longue liste en tête de laquelle figurait un nom déjà trop tristement connu , le nom *de Paul.* Renaud examina la pièce officielle, la retourna dans tous les sens , et s'étant bien assuré cette fois-ci qu'il s'agissait de son bienfaiteur , il froissa dans un mouvement de rage impatiente , sa toque de président qu'il tenait entre ses mains.

Puis , se tournant vers Montfort., vers ce juge à la sévérité inexorable et au ton inflexible qui lisait une pétition quelque peu calme d'une dame de la cité :

— Grand Commandeur ! lui dit-il : maintenant il s'agit d'un de mes amis.

Montfort suspendit sa lecture , et troublé et hésitant :

— Quel est cet ami ? demanda-t-il.

— De Paul !... de Paul de Saint-Jacques , répondit Renaud attendri et triste.

— Montfort pâlit de colère, et avec un accent de brutalité prononcée :

— Vous osez . vous, honorable *lige*, vous intéresser à un scélérat ? dit-il.

— Pourquoi à un scélérat , répondit Renaud avec une intonation désespérée, quand il m'a rendu tant de services ?

Montfort devant cette obsession, déchira son pourpoint ; il frappa d'une manière impie le parquet sur lequel reposait son pied.

— Vous oubliez donc qu'il est la seule cause de nos troubles, que sans lui nos duchés et monastères seraient en paix ? dit-il.

— Ah ! grand juge, lui répondit Renaud avec un accent tout de prière : modérez-vous , modérez-vous; il n'est point des insurgés !...

— Eh ! de quel nom le qualifierez-vous donc ?

— Il est *chef de l'ordre*.

— Il est chef de l'ordre quand il a levé le sabre contre nous ?... il est chef de l'ordre quand il a alarmé nos familles ?

— Ah ! reprit Renaud avec une onction de plus en plus sympathique : c'est qu'il avait des héritages sacrés à défendre, des portions chères à son cœur à protéger.

— Des héritages sacrés à défendre ! des portions chères à son cœur à protéger ! Eh ! quels sont ces héritages sacrés et ces portions chères ?... insista Montfort plein de curiosité et d'angoise.

— Le palais de ses aïeux, un père, un frère, une sœur chérie !...

A ce nom de sœur chérie, le rouge monta au front du comte...

— Paul a une sœur ? dit-il ébahi.

— Oui, prince, répondit Renaud.

— Son nom? continua Montfort.

— Elvire !

Le comte de Leycester sentit son sang lui affluer au cœur, et demandant la liste des décisions :

— Combien le tribunal a-t-il condamné d'hommes aujourd'hui ? dit-il.

— Cinquante.

— Combien en a-t-il absous ?

— Aucun.

Il frémit d'une frayeur sauvage. Il prit le papier funèbre des mains de Renaud, et, de sa propre main, coucha à côté du nom de Paul ces mots : *A absoudre.*

Alors on entendit l'huissier crier à haute voix l'ouverture de la séance.

La foule resta compacte et attentive.

XIII.

Le Jugement.

... on a représenté la Justice une balance
à la main et une épée ; on a été plus loin ; on a voulu
être plus scrupuleux ; on lui a placé un bandeau sur les
yeux, voulant par là simuler l'impartialité rigoureuse qui
devait présider à son caractère ! Etrange déguisement,
singulier stratagème qui abrita parfois sous le masque de
l'hypocrisie noire, le rayon charmant de la vertu et de la
légalité. Quelle est la justice d'aujourd'hui ?... Ne nous en
occupons pas ; ses actes pleins d'équité la démontrent, la
font voir... Quelle était la Justice d'autrefois ?... Pénétrons
dans ces temps obscurs... Outre les épreuves du fer
chaud et de l'eau bouillante, choses déjà trop antiques
pour l'époque dont il s'agit ici, il était une coutume non
moins brutale qui consistait à faire comparaître le criminel devant le souverain juge et à attendre la sentence irré-
vocable de ce dernier. S'il était animé de quelque *haine*
contre l'inculpé, de quelque *malice sourde*, de quelque
vengeance inassouvie, il suivait l'impulsion fatale de son
cœur et rendait une sentence en contradiction avec tous
les rapports du bon droit et de la saine vérité. De là,
tant d'iniquités qui sont venues effrayer les royaumes et

troubler les empires ; de là , tant de chûtes et tant de causes dans la décadence des couronnes ; de là enfin , ce p'edestal fameux sur lequel monte parfois le vice et qui oppose aux nations consternées et soumises, son brandon de feu et de discorde. Voyez l'histoire ! Un Pilate condamne Jésus ; un tribunal Anglican condamne la Pucelle ; des erreurs sans nombre incriminent les Templiers ; d'insignes Sarrasins donnent naissance aux Quinze-Vingts ; la Révolution iusensée abat un Louis XVI !... O, inconséquence des peuples, Justice Divine , plus méprisée que celle des hommes !... Où sont donc tes réalités , Sainte-Raison ?... L'homme en vain maniera , remaniera , battra , rebattra cette chose qu'on appelle *équité*; Dieu seul sera la perfection même. Il souffle seul la loi aux rois, la sagesse aux juges , le remords au coupable. Sagesse éternelle, immanente , il jette à longs flots dans l'âme de tous les mortels, ce qui peut les éclairer ou les instruire , les édifier ou les toucher. Egalité parfaite ! Source intarissable de vertu et d'amour , place ton flambeau adoré à côté du juge qui va prononcer sur mon avenir. Place-lui la foi en l'âme, la pureté en le cœur, la vérité en la bouche, afin que, dans ses décisions , il ne soit ni insensé ni perfide. Fais lui comprendre qu'il est ton organe par lequel tu alimentes ton règne dans le monde, et que, quand tu l'appelleras à toi, le compte qu'il aura à rendre de ses œuvres, ne soit pas une page, noircissant sa vie, digne *de ton anathème*, mais un mandat capable de faire sourire ton cortège de radieuse flamme et lui mériter tes palmes immortelles.

. . . .

Avant que de faire comparaître Paul devant le tribunal redoutable des Croisés , pénétrons encore dans la prison et voyons ce qui se passe entre lui et le sbire chargé de le ramener devant le souverain juge.

Le sbire, avons-nous dit précédemment, fut terrifié par l'état de dépérissement et de consomption dans lequel se trouvait Paul. Cependant, quand il entendit une douce voix lui opposer ces mots : — *Avance, mon ami, je ne veux rien te faire !* il leva sa framée en l'air et entra hardiment dans la tente, résolu à se faire craindre, si non, admirer.

Paul, comme un ange qui sollicite et qui prie, se retourna vers l'assassin, et, avec l'accent de la résignation la plus tendre :

— L'heure a donc sonné ! dit-il à celui qui venait lui demander compte de ses jours.

— Oui ! sonné, reprit le bourreau ; mais sonné pour ton expiation et la récompense de tes forfaits.

Paul rassembla sa chaîne dont les chaînons rouillés gîsaient sur le sol, et, se faisant de ce faisceau odieux une couronne sublime :

— Heureux qui peut mourir pour la vertu ! dit-il ; heureux qui peut mourir en défendant vaillamment le foyer de ses pères !...

— Tu te parjures ! fier spadassin, lui répliqua le sicaire ; tu te parjures ! tu ne saurais affecter une contenance aujourd'hui que tu n'as eue jamais !...

— Avant que le soleil ait éclairé deux fois le monde, osa ajouter encore de Paul, le règne de la justice aura paru sur la terre et les impudiques blasphémateurs expieront dans le remords le tourment de leur iniquité.

— Tu blasphèmes ! imposteur, s'écria vivement le sbire ; tu blasphèmes !... Et il allait le frapper de sa framée, lorsqu'un sourd rugissement se fit entendre dans la prison. Pareil au cimbre qui , allant voir Marius dans les fers , fut frappé à l'aspect de sa victime , le bourreau aussi recula de frayeur en présence de son captif désarmé.

Pendant que Spandi l'exécuteur restait ainsi terrifié. devant le martyr de la patriotique fidélité , un vieillard , un digne protecteur, l'haleine suspendue, le cœur battant, se dérobait de l'autre côté de la tente : c'était Ordener.

Paul avança généreusement vers le sbire et les fanfares joyeuses commencèrent.

. . . .

— Quel est votre nom ? demanda Montfort à Paul désolé , et un silence sacré se fit dans la salle des audiences.

— Paul de Saint-Jacques , répondit celui-ci.

— Votre âge ?

— Trente ans.

Tout l'auditoire regarda cette jeune figure où se réflétait l'expression des âges antiques. Le son de cette voix pure et sainte , cette résignation dans la souffrance , ce calme au milieu des persécutions les plus injustes , et puis ce renoncement à toute existence, à tout avenir, tout ébranla cette assemblée où le désir de la vengeance semblait s'allier si bien avec le désir du crime.

— Vous n'avez donc pas songé à votre avenir , jeune homme, à cet avenir qui paraît si beau et si brillant chez vous en vous armant contre notre cause?

— Mon avenir à moi , c'est le ciel où je veux aller ; la gloire que je cherche ici-bas, c'est de mourir au poste où mes pères sont morts.

— Vous appartenez donc à une famille éplorée? Quelle

est cette résignation stoïque dont vous faites tant preuve? Vous bravez la mort, enfant, et la mort est si terrible même pour les plus valeureux !

— J'appartiens à une famille qui a succombé en combattant pour des droits légitimes... Je ne brave pas la mort, ô souverain juge ; je demande et sollicite la cessation de mes tourments !...

Montfort rougit devant cette résignation sainte, résignation dont les premiers martyrs étaient seuls capables.

— Vous ne proclameriez donc pas les droits de la Papauté, continua-t-il, jeune brave, en lançant votre anathème contre la *nation impie ?*

— Je proclamerais le respect dû à la famille, juge clément ;... je raffermirais le maintien de la propriété d'autrui que le méchant convoite.

Montfort sentit son cœur déchiré par la colère ; un aiguillon vengeur et jaloux traversa son âme de flamme et de rayon farouches.

« Il nous insulte ! s'écria vivement le comte de Saint-Pôl qui se tenait à côté du comte, et dont l'humeur inquiète était surexcitée ; il nous insulte ! »

La séance fut un instant troublée par des interprétations diverses ; on se posait des questions rebelles et de nature à troubler les esprits. L'huissier fut obligé d'agiter longtemps la sonnette pour rétablir l'ordre.

Alors le comte de Leycester, d'un air superbe, dédaigneux et caressant à la fois :

— Vous refusez donc de vous ranger du côté de la justice, pauvre esclave ?

— Je me range du côté de l'humanité, juge tout-puissant.

— Le tribunal vous accuse d'avoir conspiré contre le roi existant , d'avoir miné la souveraineté temporelle des Papes : qu'opposez-vous à ces diverses allégations ?

— Le tribunal est bien ingrat , lui ; il oublie que j'appartiens à une famille de nobles et qu'elle a toujours acclamé , cette famille , le pouvoir des rois et l'hérédité Papale ?

— Vous êtes donc ici pour nous édifier et non pour exciter notre haine !... Qu'êtes-vous venu faire , chargé de fers et humilié d'opprobres ?

— Ah ! juge puissant, dit Paul avec un accent de prière, épargnez-moi cette révélation !

— Résumez-vous, jeune brave , continua de Montfort , tout ébahi : le tribunal aura des égards pour vous.

Paul ne put s'empêcher d'étouffer ici un sanglot ; il essuya une larme de poussière et de sang qui labourait son visage.

— Hélas ! dit-il avec l'affliction la plus épouvantable : mon père est mort par vos fers !... mon frère est mort par vos fers !... ma sœur souffre par vos fers !... et moi, je vais aussi mourir peut-être par vos fers ! !... Oh ! ciel ! ! ! — Ma sœur !...

Le comte de Leycester soupira de tendresse ; il parcourut d'un œil de mansuétude l'assemblée qui, elle-même, était attendrie.

— Vous feriez donc le sacrifice de votre honneur , de votre vie , si on prenait soin des jours de votre sœur, intéressant lige ?

— Oui, seigneur, reprit vivement Paul.

Le comte de Leycester s'agita sur son siége comme un

homme qui ne sait quelle résolution prendre. Cette âme qui n'avait point fléchi jusqu'ici ; ce cœur dont la volonté avait été souveraine et inébranlable, plia sous l'attrait de la compassion. La misère et la nudité, le malheur et l'infortune remuent souvent des sympathies étrangères aux natures féroces. Dieu parle par ses organes d'humanité au tigre qui dévore sa proie comme au tyran qui se déchaîne sur sa victime innocente ! Quand un insigne Anglais condamna la Pucelle à mort, on vit à travers sa résolution sinistre une larme briller à son visage. Caïn, avant de tuer son frère Abel, sentit les tiraillements du remords. La conscience est un frappant instrument de nos actes injustes ou arbitraires, despotes ou iniques. Elle veillera toujours quand le crime sera aux prises avec les transports de la vertu !

Alors Renaud, passa de ses mains dans les mains du souverain juge la liste des condamnés.

Montfort pâlit devant sa délibération inconséquente.

— Réfléchissez-bien, jeune héros, ajouta-t-il ; il est encore temps de toucher le tribunal : avez-vous d'autres révélations importantes à faire?

— Rien, seigneur, rien, répondit de Paul. Ce qui nous a engagés dans la lutte, c'est la protection que nous devions à nos familles.

— Vous devez donc, dit de Montfort avec un accent on ne sait comment aigri, périr comme *anti-papal*, comme coupable du crime de *léze-majesté*, comme conspirateur contre tous *les droits légitimes!*

Un murmure vague se répandit dans toute l'assemblée. Les femmes qui assistaient à la séance levèrent leurs mouchoirs en l'air en criant : *Pitié ! !...* Renaud lui-même

tomba de dessus son siége et murmura ces mots : —
Pitié !!...

Le tumulte et l'indécision flottaient partout. Le haut
syndic prit enfin la parole :

« Messires ! dit-il, il n'est plus temps de faire clémence ;
» nous sommes aux portes de l'hérésie ; frappons sans
» pitié ! Il est vrai, je l'avoue, que nous aurons le regret
» de faire périr quelque tête chère parmi les têtes cou-
» pables ; mais que ce préjugé insignifiant ne vous arrête
» pas. Rappelez-vous cette belle sentence de l'abbé de
» Citeaux : *Qu'on les tue tous ! Dieu saura reconnaître*
» *les siens !* Montrez-vous donc les émules de ce *digne*
» *chef* et que vos armes ne se reposent que pour repren-
» dre une nouvelle force encore ! Haine aux tyrans !!!
» Je demande et vote la mort de Paul !... »...

Cettte harangue du Procureur-Syndic, cet arrêt sinistre terrifièrent l'assemblée. Le président lui-même se cou-
vrit à cette décision intempestive.

Et un homme tomba lourdement sur le pavé, et cet
homme c'était Paul. Dans sa chute, de nombreuses
blessures se rouvrirent et le pavé se macula de sang !...
Une bague roula aux pieds du prisonnier... Montfort
voyant briller l'anneau d'*alliance*, s'écria : — Sauvez-le !
il est à nous !... Et les femmes ébahies, les femmes
éplorées emportèrent au loin ce cadavre expirant que le
souffle de la campagne et les émanations des champs
pouvaient seuls animer et rajeunir.

XIV.

Le Fantôme.

Si le mortel qui nous a prédit une fin funeste,
si l'homme qui nous a prédit un trépas
sanglant, ange ou esprit de ténèbres,
Sauveur ou Satan, à l'heure de la mort,
quand la vie se détache facilement des
satisfactions ou consolations terrestres,
venait nous dire : — Détrompe-toi, ô
mortel, ce que je t'ai annoncé n'est que
rêve ou illusion, erreur ou mensonge,
oh! comme nous embrasserions cet être,
tourment de notre vie, et comme nous
aimerions à bénir les chaînes qu'il nous
aurait créées !...

En bien étudiant la vie humaine, nous trouverons qu'elle se compose de quatre phases bien distinctes : *phase d'enfance, phase de jeunesse, phase de virilité,* phase enfin de sénilité ou de vieillesse que nous plaçons ici comme avant-coureur de la mort.

Nous ne nous occuperons pas des deux dernières périodes ; elles n'entrent point dans le plan essentiel de notre narration, et à titre de digression, nous effleurerons en passant les deux premières.

AGE D'ENFANCE.

L'âge d'enfance est, pour être logique, l'âge d'insouciance et d'avenir ! C'est l'époque où la créature pense le moins à son existence... c'est la fleur qui se dresse sur le gazon naissant. Elle ne penche point sa tête dans l'eau brûlante et ne s'adonne point aux réflexions dévorantes du midi ni aux froids aquilons du *soir*. C'est pour parler plus vrai, l'hirondelle perchée sur son nid de douceur et de franchise. Elle ne songe point aux frimas qui viennent l'effrayer et l'étourdir, ni aux redoutables piéges qui viennent parfois la troubler dans son repos. Elle s'endort dans un berceau de jubilation et d'amour ! A cet âge, la nature respire des émanatious saintes. Elle ne les apprécie pas, parce qu'elle est volage et incertaine. Elle se repaît de doux souvenirs ; elle convole à chaque instant à de nouvelles espérances ! Si Cupidon, de temps en temps attendrit son aile, c'est un trait qui reste sans portée, la toile où il va frapper se trouvant incessamment humide de rosée, de tiédeur et d'innocence ! Si l'homme restait toujours dans cet état rajeunissant, il serait à plaindre et à admirer. A plaindre, parce qu'il ignorerait sa véritable origine ; à admirer, parce qu'il ne connaîtrait pas la coupe du malheur qui vient, hélas !..... sourire plus tard.

Placée entre l'adolescence et le berceau, l'enfance est ce soleil printanier qui luit sur une vie sans cese mobile.

AGE DE JEUNESSE.

Bel âge que celui de la jeunesse !... C'est la saison des fleurs, l'aurore vagabonde qui fuit à l'approche du grand jour... C'est la corolle frémissante, la corolle bourdonnante qui se brunit aux rayons ardents du soleil et oublie, insoucieuse, la rosée tiède de la matinée et les âpres aquilons du soir. La jeunesse !.. C'est ce paradis terrestre que Dieu a placé ici-bas. Rien ne nous chatouille ni nous attriste ; tout chante pour nous et sourit ! Dans une vallée d'allégresse , nos cœurs cueillent le bonheur qui va bientôt partir. Source de joie intarissable, la jeunesse coule à longs flots des jours dont l'amertume ne peut être sentie que par l'âge caduc ! Les imperfections, à notre œil, se poétisent ; la nature a pour nous des attraits dont la description est inénarrable... L'idéal flotte heureux sur son trône d'or et de grâce ; il nous présente à tout instant sa coupe enivrante dont les rejaillissements renouvelés sont sans cesse vivaces. Ici , Cupidon a des traits ; il nous assiége et nous désole.... et tandis que nous nous endormons sur son sein , il nous prépare un trépas , hélas ! qui ne tardera pas à figurer et à parler !

Cet âge, d'après nos judicieux penseurs, peut-être porté jusqu'à trente-cinq ans : nous ne saurions le faire aller au-delà de trente.

Telle est la réflexion dans laquelle je me sens porté par la méditation de mon roman , mon cher lecteur. Rodolphe avait trente ans ; vous l'avez déjà su. A cette époque, la vie se détache presque des choses terrestres , le passé ne nous apparaît que pour rendre plus sombre et plus douteux notre avenir ! L'homme cherche Dieu ; il sent dans son âme ardente le désir de se donner un Maître. Il étudie le ciel , sonde les étoiles , admire et contemple l'univers. Il ne voit partout qu'une main bienfaisante qui a donné des preuves de son amour et de sa charité infinie. Alors il s'écrie avec le Prophète : *Magnificat anima mea Dominum !* et il sent tomber le rideau devant lui , et avec l'oiseau de la vallée et le lion de la montagne , il chante et bénit Celui qui lui a donné le jour.

Rodolphe n'était plus sceptique ; les phases diverses par lesquelles il était passé avaient attendri son âme. L'œil résigné, la contenance stoïque, le sourire au cœur, il était là devant un tableau de son père, consultant les traits exquis du vieillard. — Il est passé, dit-il, en faisant le bien, faisons comme lui ! La Moisson que le *Moissonneur* emporte n'en est que plus belle, quand les épis tombent sur un sol *fané* et *flétri ;* et, alors, il sentait le regret lui percer le cœur ; ce remords qui écrase l'âme quand quelque chose comme le désir de la vengeance ou la satisfaction de quelque haine ou bonheur n'a pas été assouvi ! Il entendit son domestique qui descendait encore l'escalier ; il ne pensa pas même pour le moment à l'échec qu'il venait de recevoir, à cette déconfiture qui eût ébranlé l'homme le plus raffermi ; il laissa ce fidèle serviteur aller s'occuper des choses matérielles, du soin de la conservation de ses jours, de la garde enfin de la cité, et lui comme un mortel sorti de la tombe, comme un être étranger à cette terre, ne se prêtant à aucune commotion, n'ayant aucune notion de sa vie, il alla s'enfermer dans le plus obscur de ses appartements, pareil à celui qui, sentant son impuissance ou son impéritie devant une grande action ou l'accomplissement d'un grand acte, veut s'ensevelir à la terre et au ciel !

La cellule dans laquelle il alla s'enfermer était vaste ; un rayon de soleil, de ce soleil couchant qui laisse un regret au cœur poétique, perçait par une grille fermée, et, retombant sur la dalle, ressemblait à un flambeau refringent éclairant un sépulcre. Un fauteuil à la Henri II était au milieu de l'appartement ; sur une cheminée à manteau de sapin sculpté se trouvait un poignard de fin acier et dans l'encadrement de cette cheminée, une pendule dont les heures sonnaient solennelles et gutturales.

Une glace était aussi suspendue à la muraille et faisait face à la porte. Rodolphe alla s'asseoir dans ce fauteuil où il plongea son âme dans de profondes rêveries.

Entendez le cœur que le regret ou la douleur outragent : — *Je ne veux plus de cette vie, ô mon Dieu, parce qu'elle m'est insupportable !*.. Rodolphe demandait la mort parce qu'elle lui paraissait belle ! L'homme qui a vu ses espérances ravies ou son désespoir farouche l'écraser, ne demande que le tombeau.. Il y a sans doute plus de joie et de bonheur, de consolation et de délices à demander la mort, quand les derniers liens qui nous attachaient à la vie et à l'amour sont anéantis !.. Rodolphe n'espérait plus parce qu'il n'avait plus rien à prétendre. Ordener lui avait tout prédit ; Elvire lui avait tout refusé ; que lui restait-il maintenant si non à mourir ? C'est pourquoi son âme s'abîmait dans ce torrent de détresse et de désolation indescriptibles. Les cheveux déroulés, l'œil hagard, l'oreille tendue, il était là comme un fantôme veillant sur un tombeau. Les fantassins passaient sous sa fenêtre, poussaient le cri *d'union* ; mais toutes ces rumeurs vagues de la cité morte, de la cité dépérissante, ne touchaient plus son tympan insensible. Il ouvrit sa Bible, ce Code sacré où il avait puisé tant de fois les méditations des patriarches et les consolations évangéliques ; mais son esprit ne voulait plus ni saisir ni comprendre. Alors, il s'abandonna à ce paroxisme de la fièvre qui est le délire ardent de l'homme qui fait ses adieux aux beaux jours et se balance gaiement sur les portes sans fin de l'Eternité... Il s'évanouit et tomba sur le sol comme un cadavre foudroyé !.. Un son de cloche le réveilla pourtant de sa torpeur léthargique : c'était un *illustre trépassé* que les Bitterrois portaient en terre. Rodolphe entendit les chants des prêtres et les pleurs des parents du défunt ! Il sentit une larme de sympathie lui mouiller la paupière , et son cœur qui jusque-là avait été insensible à la vie et à l'amour , ressuscita à la confiance et à l'espoir.

— Elvire !.. fut le premier cri qu'il prononça à son réveil de détresse. Il parcourut la salle comme un homme égaré et, revenant comme d'un songe, il reconnut le poids de sa chute et le précipite dans lequel il se trouvait. Alors, il se reporta par la pensée à l'instant d'adieu de sa maîtresse : — Elle était si belle dans son refus ! ô ange du Paradis, comme Dieu sera heureux de t'avoir dans son saint tabernacle... Elle m'a tout refusé , tout jusqu'à un baiser !.. oh ? enfant !.. Que la vertu est belle dans le cœur d'un enfant !.. — Superbe trophée, me retraçant sa mémoire, non , tu ne périras pas sans moi !.. Et Rodolphe portait à sa lèvre le voile qu'il avait enlevé à Elvire dans sa persécution , et dont sa ceinture était actuellement ornée.

Puis, l'œil noyé dans les larmes , le regard perdu dans l'incertitude et le regret, il considérait la pendule dont l'aiguille acérée , parcourait tremblante le cadran à émail diaphane. Le ressort cria en ce moment et six heures sonnèrent terribles dans cette salle où la mort promenait gravement ses effrayants mystères ! Rodolphe écoutait les vibrations du timbre mélodieux dont l'accent lent et lugubre déchira par intervalles mesurés son cœur ! Le *régulateur* qui divise l'espace ou l'horloge qui marque le temps sont poignants , quand cet espace ou ce temps sont le terme d'une époque solennelle et décisive. Rodolphe porta sa main à son cœur dont les mouvements irréguliers brisaient tout son être : — Allons, enfant, du courage, se dit-il ; du courage !

Avant que l'aiguille n'ai encore parcouru quatre fois

le cadran inexorable, Béziers ne sera plus !.. Et il exa-
minait la lame de son poignard, dont la surface polie
brillait comme un diamant néfaste au milieu d'une nuit
sans espoir. Puis, modérant sa voix ; mais toujours avec
l'accent de l'indignation la plus grande :

Mortel jaloux ! ajouta-t-il : à quoi te servira la destruction de mon être ?.. Philippe!.. O roi ingrat!.. J'ai combattu pour toi et tu m'oublies !.. J'ai contribué à placer
sur ton front le diadême des rois Maures et tu me délais-
ses !.. Ah ! Il est donc bien vrai que la gratitude ne fut
jamais le partage des grands !.. Socrate eût dû être un
homme sacrilége ! Platon un impie ! Aristide un traître !..
O Liba, ma cavale chérie, à toi donc tout mon amour !.
Non ; ta vie ne sera pas la pâture des vers et des oiseaux
de proie ! Cette phalange qu'on appelle en langage judicieuse phalange *sacrilége* ne viendra pas de son impudique
effronterie, du moins, te trancher les jours. Non ; ce
sera moi qui t'apporterai la mort ; la mort qui épouvante
les plus braves et que tu as narguée tant de fois....

Et Rodolphe descendit précipitamment l'escalier qui dérou-
lait ses nombreuses spirales dans la boiserie antique. Liba,
la fille des déserts, avalait plutôt qu'elle ne dévorait un
orge que venait de lui servir son esclave. En voyant entrer
son maître égaré, elle se crut à la veille d'un combat,
et, bondissant pleine de frénésie et d'enthousiasme ; elle
agita négligemment sa crinière onduleuse et humide et
poussa son hennissement d'amour, hennissement qu'elle
poussait quand elle voyait les piques des spadassins Perses
se dresser devant elle. — Non ! non ! lui dit Rodolphe ;
je ne t'apporte pas la victoire ; mais la mort ; la mort qui
a semblé te fuir jusqu'ici et avec laquelle tu jouais avec
tant d'amour.

La cavale frémit à cet accent doux qui autrefois pour

elle exprimait la tendresse ; et , élargissant son flanc , elle éleva son pied au-dessus de la poitrine de son maître et le caressa.

— Non ! non !... lui dit encore Rodolphe ; il ne s'agit plus d'ardeur et de reconnaissance ; il faut mourir !....... Et il lui plongea le poignard dans son sein. L'animal roula noyé dans son sang et se débattit sur le sol dans une affreuse agonie !...

Effrayé de son sacrilége et plus encore par la brutalité avec laquelle il venait de donner acte à son action étrange, Rodolphe remonta l'escalier et s'enferma dans sa cellule où il poussa des rugissements épouvantables.

Cependant, la nuit avait gagné ce sépulcre de terreurs et de tristesse ; les étoiles noyées dans le ciel se dessinaient brumeuses à travers la lucarne grillée. Rodolphe battit son briquet et une étincelle inflammable convergea sur l'amadou qu'elle embrassa. Il en alluma un flambeau de résine et attacha ce phare sinistre à une agraphe suspendue dans l'appartement. Ensuite, rêveur et inquiet, il vint s'asseoir dans le fauteuil qui était devant la glace. — Il ne me reste plus que toi en ce monde ! dit-il, oh ! Elvire ; laisse-moi du moins aller voir si l'Eternel te réserve une couronne digne de ta gloire... Et Rodolphe allait se frapper de son poignard, lorsque la surface polie et argentée du miroir lui sembla devenir plus terne et plus sombre. Un linceuil parut s'agiter dans le verre ; et ce linceuil renfermait une forme mobile... Rodolphe supposa quelque âme de morts venant visiter ce champ de la misère et de la douleur pour consoler les âmes affligées !... Il sentit une larme d'attendrissement lui mouiller son visage.

Oh.! mon père, dit-il : que n'est-ce vous ?...

La porte qui donnait accès à ses appartements venant à

s'ouvrir , Rodolphe se dressa radieux et plein d'amour : un vieillard , un homme vénérable à la barbe blanche et au sourire joyeux venait de se présenter devant lui.

— Oh ! mon libérateur , quel instinct vous amène ici ? dit-il reconnaissant et tranquille.

— L'instinct du bien , répondit l'inconnu.

Trencavel sentit cette voix ; le timbre lui en parut familier.

— Est-ce vous , Ordener ? dit-il. .

— Moi-même , répondit le vieillard.

— Ah ! vous ne cesserez donc jamais de me persécuter ?

— Je ne te persécute pas , jeune homme ; je te protége !

— Que pouvez-vous donc m'annoncer d'heureux !

— La vie , la vie après laquelle ton cœur soupire !

Rodolphe fixa son œil terne sur le sol , et, résigné comme ce fameux Patriarche à qui le malheur avait enlevé toute la fortune :

— Le ciel me laisserait-il donc ici pour me faire encore plus souffrir ?

— Oh ! non ; le ciel protége ceux qu'il aime ; la béatitude céleste n'est accordée qu'aux enfants *malheureux* !

— Vous m'avez donc abusé à Pézenas , Ordener ; que m'annonciez-vous de sinistre dans mon avenir ?

— Les crimes étaient si multipliés sur toute la terre que je ne croyais pas qu'aucune tête fut épargnée. Cependant, un ange prie pour toi, ô Rodolphe ; j'ai vu en songe son sourire bienveillant et ton bonheur certain. — Tu vivras , Trencavel , tu vivras !...

— Comment bénir cette âme qui s'intéresse à la mienne, Ordener ? Expliquez-moi son nom , que je le glorifie.

— Elle a été et sera toujours le tourment de ta vie entière ; elle occupera toujours une place chère dans ta pensée : tu lui placeras une couronne de foi et d'amour sur le front à son dernier adieu : c'est... Elvire !

— Elvire ! dit Rodolphe enthousiasmé ; Elvire songe à moi quand je l'outrage ? Noble enfant !...

— Ah ! reprit Ordener avec une sérénité angélique : si tu savais ce que c'est que l'amour, si tu comprenais ce que peut la charité chrétienne !.. si tu savais combien elle t'aime !...

Rodolphe avança vers le vieillard et baisa sa robe que tout rendait en ce moment vénérable.

Alors Ordener porta son regard sur la pendule dont l'aiguille tremblante parcourait toujours le cadran inexorable.

— Neuf heures !..... dit-il ; neuf heures !..... Oh ! Béziers, cité de perdition : dans un instant, tu ne seras plus !

— Ami ! continua-t-il en s'adressant à Rodolphe : reçois ici la bénédiction d'un père , d'un père dont le malheur et le tourment ont captivé la vie.

Et Ordener se dressa alors sur la dernière marche de l'escalier qui donnait accès dans l'appartement où se passait la mystique confidence, et là, solennel et prophétique, tandis que Rodolphe pleurait à ses genoux :

— Le règne de la vengeance est arrivé , dit-il ; la terre va s'abreuver du sang des sages ! Enfant, reste pur de crime ; ne souille point ta mémoire dans le séditieux forfait. Un jour, le livre de *Vie* racontera le malheur des nations ; quand on voudra parler d'une catastrophe navrante, on parlera du *Sac de Béziers*. Heureux , ceux qui auront succombé dans la lutte et qui auront emporté le triomphe des martyrs. Pour moi, ma voix s'éteint, ma vie s'efface ; le sacrifice ne saurait avoir qu'une portée bien inférieure. Mais, qu'elles seront heureuses, ces âmes qui seront sapées dans leurs jeunes ans , ces fleurs que le souffle de la mort emportera à leur premier sourire ! Ah ! si le sacrifice d'Abraham fut agréable au Seigneur , combien devait être bien plus agréable encore ce sacrifice du fils qui excitait l'obéissance du père ! Mais vis , ô toi , ô mon fils , vis , ô Rodolphe. Paul ton compagnon t'attend, Elvire ta moitié te réclame. Il y a dans toute tourmente , dans toute révolution , des tiges que la fureur de la tempête ou les ravages des autans épargnent et oublient et ces tiges , c'est vous ! Priez , priez pour moi quand je ne serai plus. L'Éternel aime les prières , même celles qui sont faites pour les impies... J'ai mené ici-bas une vie de désordre et de vagabondage ; j'ai méprisé les lois sages du Tout - Puissant , les institutions divines de ma religion !... Ah ! malheureux, que puis-je faire aujourd'hui, si non offrir ma vie à l'Éternel en expiation de mes forfaits ?

Ne m'imite donc pas , ô Rodolphe , mais que la vertu préside à tous tes actes !...

Et ce disant , Ordener descendit l'escalier et vint donner à Rodolphe le baiser paternel ! Celui-ci sentit un souffle empoisonné s'échapper de la poitrine du vieillard dans l'accolade sentimentale. Son haleine était puante et nauséabonde... Le regard dans son regard, la main dans ses mains , Rodolphe lut dans les yeux d'Ordener l'expression de l'agonie ! Les traits du saint homme devenaient de plus en plus pâlissant ; ses cheveux hérissés se mouillaient d'une sueur mortelle. Rodolphe soutint cette tête où le souffle de l'agonie faisait déjà place au souffle de la mort. Peu à peu les forces du sorcier diminuèrent. Son cœur battit avec moins de violence ; sa bouche se contracta ; un sourire sardonique et de terreur erra sur son visage, ridé par les ans, blanchi par les veilles et les infortunes. Le vieillard poussa un dernier gémissement et ce fut un blasphème !.. Ensuite, il tomba raide sur le sol où une convulsion nerveuse lui disputa encore le dernier soupir. En tombant, il laissa un vêtement s'échapper de ses bras, et c'était le costume d'un croisé ! Rodolphe considéra cette dépouille dégradante pour sa mémoire. Puis, ébahi, plein de confusion et de trouble : — A-t-il voulu te sauver, se dit-il, ou a-t-il voulu se sauver lui-même, et il parcourut la salle plein d'une frénésie sauvage, résolu à trahir, non pas comme celui que décident les impulsions de sa maudite nature, mais comme celui que des circonstances fatales mettraient en rébellion avec les vénérables préjugés de sa famille et les volontés morales de son cœur.

Mais une atmosphère embrasée se répandait déjà dans tout l'appartement. Le silence le plus parfait régnait dans la ville. La nuit était paisible ; on eût dit une de ces superbes nuits de printemps dont le charme tempère le calme des âmes sensibles. Tout à coup, Rodolphe entendit du bruit et des tressaillements épouvantables. Les portes de son palais volèrent brisées en éclats ; une flamme pénétrante dévorait et embrasait tout l'édifice.

Rodolphe entendit le *hourra* solennel : *le veni creator !* Il descendit précipitamment l'escalier qui conduisait aux écuries, et, fils ingrat, patriote perfide, il porta la mort au milieu de ces braves qu'il eût dû caresser et pleurer en les entourant de son égide.

XVI.

Mater Dolorosa.

Jeune mère qui berces ton enfant, apprends lui son sourire ; vieillard qui t'achemines vers la tombe, contemple ses bienfaits, matelot qui pleures et gémis aux tristes appréhensions du naufrage, regarde et considère son œil pur et bienveillant !...

La religion catholique a des pompes qui surprennent autant qu'elles attachent. L'homme né sceptique ne peut même en présence de ses démonstrations saintes que renier sa foi ; et quand un athée trépasse, si le chant de l'agonie, ce psaume que le prêtre murmure sous le dais sacré vient par une étrange circonstance toucher son oreille insensible, il sent une larme de regret et d'amour lui mouiller la paupière et il bénit en silence ce doux mystère qu'on lui apprit à mépriser dans ses jeunes ans et que sa tombe rend aujourd'hui cher est recommandable !

Entrez dans une de nos églises, quand le prêtre est en prière, alors qu'il offre le sacrifice divin. L'élu des cieux, celui qui tient dans ce monde le pouvoir de *lier* et de *délier*, élève dans le ciel le pain des anges ! Tout-à-coup, la clochette s'ébat sous l'impression de l'auguste mystère. L'encens se marie avec grâce dans la coupole antique La sécurité des âmes, l'espérance dans l'avenir, la foi, la charité et l'amour et puis l'orgue qui mêle parfois ses intonations à tout cet ensemble de majestueux et d'imposant, tout cela ne forme-t-il pas un tableau de grandeur et susceptible d'attendrir les cœurs même les plus endurcis ?

Ah ! si ma religion était fausse, ce serait bien le cas de dire ici avec la Bruyère : *voilà le piége le mieux tendu qu'il fût possible d'imaginer : on ne peut que donner au travers.* Mais où trouver une pompe plus admirable, quelque chose de plus saisissant et qui aille mieux à l'âme ? Reconnaissez donc vos erreurs, ô faibles mortels qui daignez m'entendre, et si vous n'avez pas la force de secouer vos caprices, caprices qui vous entraînent et vous tuent, du moins, daignez conserver un respect mêlé d'amour pour ce Culte qui fait frémir les grands de la terre et que le Kabyle dans son ignorance adore et bénit !

. . . .

Peu à peu le bruit du carrosse s'éteignit ; les déchirements auxquels la ville était en proie recommencèrent. Elvire à genoux devant son prie-Dieu, retrouva le calme de son âme, ce calme qui lui avait fait embrasser les persécutions avec tant d'amour. La tête inclinée, le regard voilé par les larmes, sa nature entière brisée d'une commotion infiniment regrettable, elle était là devant son Dieu, lui confessant sa foi, lui demandant une nouvelle force pour mourir sereine et pure comme elle avait désiré vivre. Elle écoutait la cloche de Saint-Aphrodise qui par ses balancements funèbres, troublait et confondait les airs épouvantés. Sa lèvre collée contre son crucifix, la main sur son cœur, elle demandait à celui qui expira pour les forfaits des mortels, le sourire qui l'embrasa à sa dernière heure ! Elle vit son père torturé, son frère captif, Rodolphe injuste !.. et cette méditation lui suscita de poignants sanglots ! Son esclave Elieb était à ses genoux , comprenant mieux qu'elle sa destinée , s'apitoyant davantage sur son sort. Puis, comme unis par un même instinct, les deux infortunés se levèrent, s'embrassèrent ; ensuite ils retombèrent dans leur pose méditante et contemplative. On trouve ainsi dans la vie de ces êtres qu'aucun espoir ne console, qu'aucune pensée ne ravit, s'etreindre, s'embrasser , se contempler tour à tour , puis retomber dans leur déchirante position. La nature a de ces efforts qu'elle sait se créer quand même , et qui l'abusent si non la soulagent.

Elvire dirigea alors son regard plein de sollicitude vers son esclave , et la parole émue et l'expression tremblante :

— La mort est donc un sacrilége, Elieb ? dit-elle ingénûment.

L'esclave recula effrayé,... et, ne sachant qu'elle réponse donner à une demande si imprévue :

— Oui ! hasarda-t-il : pour celui qui se la donne sciemment.

Elvire releva son turban qui la ceignait comme un diadème, et pleine de stoïcisme et de radieuse gloire :

— Les tyrans viendront donc me l'apporter , Elieb ? dit-elle.

Le breton poussa un frénétique soupir :

Oh ! maîtresse , dit-il , plein d'une sauvage rage , combien des hommes auront péri par ce fer avant que n'ait été profané le moindre cheveu de votre tête !.. Et il agita encore son terrible poignard dont le manche était tout mâculé d'un sang noirâtre.

Elvire tendit la main à son serviteur et le regarda avec ce regard qui ne sourit qu'aux mortels sur leur tombe.

— Hélas ! douteriez-vous , maîtresse ? repartit l'esclave confondu.

— Oh ! non lui répondit Elvire ; le doute n'est jamais entré dans mon âme... Comment Dieu qui est si grand pourrait-il perdre si fatalement ses créatures ?..

Elieb s'amusa, alors à caresser Zouri dont l'humeur impatiente et surexitée lui faisait pousser à tout moment des gémissements sinistres.

— Pauvre chien ! dit Elieb en passant ses doigts à travers la crinière noire et humide de l'animal : comme nous, bientôt tu seras enseveli dans un linceuil sanglant !

Et alors on entendit le bruit des charriots qui dans les rues, portaient les cadavres en sépulture ; puis la voix des sentinelles qui criaient : — *Habitants de Béziers ! implorez le Seigneur...* et puis la voix d'un Pontife qui parcourant jusqu'aux moindres carrefours de la cité, engageait les fidèles à la mort. Et tout cet ensemble d'héroïcité et de résignation, d'abnégation et de mansuétude était couvert par des soupirs et par des lamentations déchirantes !

— Elieb ? dit Elvire à son esclave : il est resté dans la foi traditionnelle de ma famille qu'une oraison à Saint-Aphrodise, patron et protecteur de cette cité, préservait du malheur. Prions ! prions ! lui dit-elle...

Et elle compulsa dans un livre où l'immensité des ans avait empreint sa trace destructive et rongeuse.

Oh ! comme elle était touchante, cette prière de deux infortunés qui se lamentaient sur leur tombe !... Ce silence du lieu, cette confiance en le Créateur, cette sagesse d'âme à travers la tempête, tout excitait et donnait aux larmes.

Elvire quitta le foyer de son oraison, et évangélique et sainte.

— Elieb ! dit-elle ; oh ! Elieb ; entends !... écoute !... la cloche nous appelle !...

— Ah, maîtresse lui répondit le serviteur partageant un sourire sinistre: vous voulez donc me quitter? Vous seriez assez généreuse pour mourir?

La fille de St-Jacques laissa s'exhaler un profond soupir de sa poitrine, et:

— Oui, répondit-elle ; te quitter Elieb ; mais pour être mieux ; abandonner ce lieu où va bientôt gémir la vertu et renaître dans ce *palais* adoré où règnent seuls les anges !...

Elieb fixa la fille de Saint-Jacques avec un regard hébété ,... et ne sachant que faire, il porta sa main à son coutelas et proféra un juron qui profana l'air que la prière avait sanctifié en ce moment.

Ivre de ce feu céleste qui enflamma les anges des *demeures* immortelles , qui enfanta les martyrs, Elvire mit un voile sur sa tête et , tenant une lanterne sourde à la main, elle descendit joyeuse l'escalier et traversa ainsi les rues désolées où le cri de la douleur perça mille fois son âme. Sa lanterne, dont le reflet affaibli passait à travers un verre qu'avait irisé la pluie et le soleil, fumeuse, n'éclairait sur le sol que des désordres. Ici, c'était un frère cherchant une sœur ; ailleurs une épouse réclamant un époux , plus loin une mère pleurant sur le sort de son fils, et tout cet ensemble de doléances et de sympathies, de plaintes et de soupirs divers, inondaient son être d'un désespoir jusque-là inconnu. Enfin , tremblante , égarée , palpitante et timide , elle arriva devant le lugubre édifice dont les portes latérales avaient été à dessein ouvertes. Surprise et confondue , elle vit une foule innombrable d'infortunés qui peuplait et sans cesse repeuplait l'asile saint ! Plus de cinquante mille cierges, autant de flambeaux , brûlaient sur les autels diversement parés. La ville de Béziers avait voulu célébrer le moment

de son martyre comme elle célébra jadis le couronne-
ment de son Patron, Saint-Aphrodise, son premier évêque et protecteur. A cette vue, son sang se figea, ses jambes
flageolèrent, et, pour ne pas succomber, elle s'appuya contre un des troncs de colonne qui autrefois avait servi de
piédestal à ces nombreuses divinités qu'élevait le paga-
nisme ! Pourtant, la sérénité de l'air la ramena à la vie,
et, courageuse et forte, elle entra dans le *pieux* asile.
Elle vit l'illustre Réginal, l'évêque de Béziers, près d'un
sarcophage paré de fleurs (funèbre autel recouvert d'un
drap mortuaire), psalmodiant l'hymne des morts. Vingt
acolytes, plus d'autant de lévites assistaient le pieux prélat qui humiliait son front dans la poussière ! De jeunes
desservants faisaient aussi voler en flots odorants l'encens
embaumé vers les nombreuses sinuosités de la coupole
antique.

Elvire avança vers l'autel de Marie où rayonnait pour
elle plus de joie et d'espérance!.. La mère du Christ n'est-
elle pas celle qui doit le plus calmer nos souffrances!..
L'Épouse du ciel n'est-elle pas celle qui peut le plus dissiper ou confondre nos redoutables épouvantements?..
Quatre jeunes filles ou pour mieux dire, quatre jeunes
vierges, de leurs doigts que n'avait contaminé aucune
souillure, que n'avait noirci aucun reflet du crime, tres-
saient une *couronne de gloire* à l'Auguste Reine des Anges
et laissaient éclater cet immortel diadème sur son front
virginal et pur !..

O touchant spectacle que celui d'un peuple qui fait ses
adieux à la vie et se dévoue ainsi avec tant d'ardeur à la
mort !.. Éternel souvenir des souffrances imméritées...
Pieux monument élevé à la gloire des Enfants du malheur
et de l'infortune ! ! !...

Un jeune enfant s'avança et récita une strophe à Marie

dont le chant et l'ensemble ne peuvent être traduits qu'en langues séraphiques !....

Je ne vous oublierai pas non plus, jeune Héros et belle Héroïne qui, assis dans une des stalles du saint lieu, vous teniez étroitement liés et vous embrassiez tour-à-tour. Ces infortunés, afin d'avoir dans la débacle la même fin, s'étaient unis par une chaîne d'amour et d'*inséparabilité*. Leurs épées reposaient à terre et leurs yeux constamment fixés sur l'acier immobile semblaient lui dire dans un langage muet, mais qui n'en était pas moins éloquent : « non ! la vengeance est inutile ; non ! vous ne pouvez « plus nous servir ! Puisse l'éternel blasphémateur vous « croiser sur nos tombes quand nous ne serons plus ! » Et, pleurant et se lamentant ainsi, les infortunés s'embrassaient encore.

Elvire porta sa main à son cœur et en tira un crucifix dont la surface éclatante brilla de mille feux sinistres à travers la clarté funèbre des flambeaux. Elle embrassa Celui qui dans un sourire enthousiaste enflamma l'amour des mortels ! Puis, la tête penchée comme un lis, le regard éperdu, la paupière tremblante, elle resta là, tout entière à sa douleur, faisant retentir les marches du saint lieu sous ses frémissements, les submergeant de ses larmes...

Avez-vous vu, vous pour qui je parle, une de ces statues nombreuses qui surmontent les tombeaux des environs de Rome ?... Avez-vous visité ces champs de la douleur qui recommandent les rives chères de Pompéi ?... Ou, pour me rendre plus sensible, le soir, quand l'astre du jour s'est voilé derrière nos montagnes, avez-vous remarqué une jeune fille agenouillée sur un tombeau rustique, insensible à cette harmonie ravissante qu'éveille la nature à son soupir? De même, Elvire resta anéantie et souffreteuse sur les marches du saint lieu. La pompe catholique déroula en vain ses puissantes merveilles ; elle laissa s'écouler paisiblement toutes ces mille voix de la terre et du ciel, jusqu'à ce qu'enfin, une douce haleine étant venue effleurer son visage, elle se retourna anxieuse pour voir qui venait la troubler dans sa méditation.

C'était son esclave Elieb qui, au moment du dernier adieu, venait adresser une parole de consolation et de gratitude à sa maîtresse.

Le digne breton était là, l'œil en feu, la larme pendante, ne sachant qu'elle conversation nouer avec Elvire.

La fille de Saint-Jacques rompit sa prière, et reconnaissante :

— Tu ne sais donc pas mourir, Elieb? dit-elle.

L'esclave sourit à ces mots tristement, et avec une voix où se reportaient toutes les incitations de la nature?

— Ah! maîtresse, dit-il; je ne crains pas la mort ; mais je regrette pour vous!.. pour vous seule !...

Elvire osa prendre les mains de son serviteur qu'elle pressa dans ses mains débiles et tremblantes.

— Pleure et prie, Elieb, ajouta-t-elle; pleure et prie!.. L'instant de la séparation est arrivé!..

L'esclave s'abîma dans un soupir.

— Qu'est-ce que la prière, osa-t-il opposer, si non l'union de l'âme à Dieu?... Je suis si profane, maîtresse ! ·

— Ah! reprit Elvire avec une expression toute angélique : si tu as ta conscience timorée, Elieb, si quelque

crime pèse sur ton âme, regarde et considère ce *Canal*
sacré et bien veillant ; il est le médiateur entre Dieu et les
hommes !

Et eb regarda alors la Vierge dont la beauté le toucha:

— Elle est belle, Celle-là, s'écria-t-il ; elle est belle !...

— Oui, belle même pour les malheureux, repartit
Elvire.

Et les infortunés à ces mots courbèrent leur front, et
leur poignante douleur les submergea encore.

. . . .

Soudain, l'édifice trembla sous un mouvement infernal;
une énorme colonne de fumée rampa le long des colonnes
du saint lieu, voila la face des autels, augmenta la terreur des fidèles. Des hommes égarés, effarouchés entrèrent des armes sanglantes à la main ; la plupart d'entre eux
s'égorgèrent, se poignardèrent sur les degrés du parvis :
« *Nous sommes perdus !* » s'écriaient-t-ils ; et ils s'arra-
chaient les cheveux.

A ce signal, le chant d'Israël, l'*In Exitu*, commença
et la foule entière se leva, s'embrassa dans une étreinte
cordiale et l'on s'apprêta à mourir. Et des sicaires enva-
hirent l'asile ; ils étaient nombreux ; de leurs yeux égarés
s'échappaient des flammes de vengeance et de colère ! Et
l'autel fumant encore sous le sang de la victime Auguste,
fut noyé dans le sang d'un million de martyrs !.. Et pas un
cri ne s'échappa, pas une injure ne partit de tant de
poitrines expirantes. Et le chœur d'Israël résonna encore
jusqu'à ce qu'il n'y eût plus qu'une seule voix pour le faire
vibrer...

Et une jeune femme roula, éperdue, portée par la
foule toujours frémissante et cette femme à force de tour-
billonner tomba dans une excavation souterraine où un

tas de cadavres forma sur elle une espèce de porte révol-
tante qui la sépara un instant des insultes des profanes ! Et
cette femme, c'était Elvire !... Sans conscience d'elle-même,
sans notion de sa vie, elle s'enferma dans ce nouveau sépulcre, autrefois séjour vivant où Aphrodise célébrait ses
pieux offices.... (1).

(1) La tradition place dans l'église Saint-Félix où s'accomplit le
principal massacre et où périrent 8.000 Biterrois, selon les uns,
6.000 selon les autres, une crypte ou grotte souterraine qui fut toujours le berceau mystérieux de la foi chrétienne des habitants de
Béziers et le tombeau d'Aphrodise, leur premier évêque. La foi en ces
pieux souvenirs en fit, dès le principe, une église cathédrale qui se
trouva pendant plusieurs siècles en dehors des murs, circonstance déplorable qui ne contribua pas peu à l'abandon qu'en firent les évêques vers le milieu du viiime siècle. Ce religieux monument eut à
souffrir des invasions des Sarrasins et des Franks sous Charles-Martel.
Réparé plus tard par la magnificence des comtes de Béziers, il dut
recouvrer son antique splendeur. Tel qu'on le voit aujourd'hui, le
monument est une de ces constructions romanes du xme siècle, augmen-
tée et décorée par des constructions nombreuses et ogivales du
xvme siècle. Il est le plus ancien chef-d'œuvre des chefs-d'œuvres de
Béziers. D'abord, dédiée conjointement à Saint-Pierre et à Saint-
Aphrodise, l'église est aujourd'hui de la part des habitants de la ville,
'objet d'une vénération toute particulière.
(Pris en partie de Gall. Christ., t. vi.)

XVI.

Le Sac de Béziers.

Et le peuple effrayé de l'horreur de son sort,
Levait les mains au ciel et demandait la mort !
(Voltaire, la Henriade, ch. x.)

Craignez le courroux des nations , rois qui gouvernez la terre. Puissants , qui faites frémir les mondes étonnés sous votre sceptre formidable , craignez le courroux des mondes. La mer la plus calme a ses précipices occultes ; la forêt la plus paisib'e ses ouragans et ses embûches ; le ciel le plus serein ses tempêtes qui en troublent l'éclat ou en altèrent la magnificence... Rien qui soit stable et solide ici-bas ; tout chancelle et trahit ; et l'ami , souvent même quand il rencontre son autre ami , sent battre en lui-même un aiguillon vengeur et jaloux : c'est la *haine* au regard farouche, c'est l'*hypocrisie* au repli séducteur qui le tourmentent et le dévorent !... Défiez-vous donc, ô hommes illustres placés à notre tête pour gouverner nos destinées, et quand l'*Esprit tentateur* viendra frapper à vos portes, à vos portes que le bien honore, que le génie du mal jusqu'ici n'a pas encore contaminées, n'oubliez pas, en ayant égard aux méditations volages d'un insignifiant *penseur* , la description qu'il ose vous en laisser ici : *Air arrogant, superbe sourire;* il promet les bruyants lauriers et ne laisse que la mort : c'est le Serpent fameux que Dieu a placé dans le paradis terrestre.

Et toi que je ne nomme qu'en tremblant, Astre que l'Irlandais captif adore, Pivot capable par son ébranlement d'ébranler tous les mondes confondus, Étoile scintillante, placée sur une mer sans cesse houleuse, Falot judicieux, ballotté par les orages et par les orages respecté, Fils de mon Père en Dieu, Frère de J. C. en le Très-Haut,... O Job, lentement couché sur le fumier et que cependant le fumier honore, Diadème déguenillé, assez serein cependant pour faire éclipser tous les diadèmes de la terre !... Piscine salutaire, reçois ici mes hommages et mes soupirs... Tu pleures, vieillard tristement dépossédé, Patriarche au cœur généreux, à la sollicitude palpitante ?... Sèche, sèche tes larmes... Elles ne sont pas de la terre, ces supplications que tu lances du sein de ton exil !... Pareilles aux sages frémissements des cieux, elles couvrent de pardon une OEuvre infime qui voudrait te méconnaître !... Hélas ! que regrettes-tu ?...... Cette couronne chancelante, ce lambeau d'amour et de reconnaissance que t'avait offert la vénération des temps ?... Laisse, laisse s'enfuir dans la poussière ce qui n'est que poussière. Un nimbe d'amour brille de plus, à ton front, illustre ta tiare quand tu te montres si clément et si généreux...—Eh ! quel est le mortel, tendre Jérémie, qui n'a pas senti son cœur faiblir aux coups de la tempête ?... Quel est le chêne même le plus vaillamment planté qui n'a pas frémi de crainte aux traits rudes des autans ?... De terre comme les hommes de ce monde, tu tiendras à la terre par des prestiges périssables ; Chêne dix-huit fois *séculaire*, ton front vibrera dans les cieux pour confondre les *saisons* impures et narguer les ouragans maudits.

Mais qu'entends-je ?... O Roi, écoute... Un canon a tonné ;... les horizons se sont couverts d'électricité splendide... Une Mère, une Mère qui pleure sur ses enfants malheureux s'est émue... Son drapeau est là, flottant sur tes pauvres ruines, protégeant de ton pouvoir l'illustre indépendance... C'est la France !... oh ! la France, combien elle te doit !... Elle viendra hâter ta délivrance, car elle est la protectrice des Opprimés et tu mérites tant son concours !

Ce qui précède les orages, c'est le calme ; ce qui dévance les tempêtes, c'est le calme ; ce qui s'annonce avant l'explosion de la foudre, c'est le calme. Une sorte de torpeur immense semble planer sur toute la nature avant l'accomplissement d'un de ces grands actes, et l'on dirait que l'Éternel a parlé pour dire à sa créature : — Tais-toi, recueille-toi : le moment de ma puissance est arrivé ; je vais prouver à la terre combien je suis grand et magnanime. — Et le silence se fait dans les airs ; et la nature attentive attend dans l'anxiété ce qui doit lui témoigner de son néant et l'obliger à rentrer en elle pour confesser sa petitesse à la vue de l'Infini, ou mettre en émoi les fibres éplorées de sa conscience !

De même, à la vue d'un cataclysme social, la nature est anxieuse et souffrante ; elle rode comme une fille craintive autour des tombeaux, parce que les tombeaux semblent frères de son infortune ! Le silence qui précéda la bataille de Pharsale fut solennel ; celui qui précéda la bataille de Mantinée fut terrible ; celui qui se dépeignit à la bataille de Vaterloo fut affreux ; les grandes actions ont toujours commencé par un saint recueillement !...

Béziers était aussi silencieuse ; quelques falots disséminés flamboyaient encore sur les remparts presque entière-

ment défrui's. Au loin , dans la vallée , la troupe vengeresse avait ranimé le feu de ses bivouacs autour desquels
errait une bande effrénée , pareille à ces antropophages
des *steppes* océanniènes qui errent le soir à la clarté de
leurs feux crépusculaires , apprêtant ou dévorant une
chair humaine , saisie dans les embuscades de la nuit ou
dans les piéges plus poignants du jour. La lune pâlie s'é-
tait cachée derrière les montagnes. Un jeune Barde , un
jeune brave , la main appuyée contre un des rocs du ter-
ritoire Biterrois , chantait les maux de sa patrie et les
souffrances d'une sœur chérie. Il disait :

    « Bientôt tu ne seras plus , ô foyer de mes pères !...
    « Vogue , vogue , ô mon âme vers les régions supérieures ,
    « Fille d'Eden , viens rejoindre ton frère chéi ! ! !...... »

Et le désespoir farouche montait de son âme , et une
terreur affreuse se peignait sur son visage , terreur qui,
jointe aux nombreux stigmates qui couvraient tout son
être, faisaient de sa personne un spectre épouvantable !
Puis le guerrier, car c'était un guerrier, passait la main
dans ses cheveux et laissait errer son regard sur le sol ,
sur le sol qu'animaient tant de soupirs. La rivière d'Orb,
pareille à la Loire en 93 , charriait des flots d'écume et
de sang ! Quelques bateaux , légèrement chargés , rame-
naient au rivage des malades que les ambulances de
Capestang et de Montady devaient soigner. Le corbeau ,
effrayé de tant de carnage , dégoûté de tant de sang , se-
couait ses ailes empestées de tant de misères... Les cloches
avaient aussi éteint leur funèbre agonie : elles semblaient
s'immiscer dans le deuil général !... Sur les routes de
Pézenas et de Saint-Pons , le roulement des charriots ,

venant renforcer l'armée des croisés , ajoutait à l'horreur de la situation.

. . . .

Un homme , armé d'une branche d'olivier , et un casque éclatant à la tête, se détacha alors du camp et avança vers la cité. A son départ, de nombreuses fanfares sonnèrent ; les aigles de Montfort se dressèrent même devant lui !... Son cheval, de couleur bai-brun, soulevait le sable de la route et mordait une écume blanchie et transparente. Quatre autres soldats le suivaient ; ils portaient tous des étendards royaux. Arrivée devant les murs , la cohorte indomptable s'arrêta L'homme au casque éclatant leva la main en l'air, et , agitant sa branche , il s'écria :

— Habitants de Béziers !... soumettez-vous ! !...

Un silence de sépulcre répondit à cette étrange sommation.

Le parlementaire , car c'était un parlementaire , renouvela trois fois sa supplique ; mais il fut payé par un même silence.

Alors , on vit à ce triste refus , une colonne de fumée ramper le long du clocher Saint-Aphrodise et s'élever dans le ciel , pareille à un voile funèbre... Puis , une clarté vive et rouge dissipa cette fumée et des gerbes d'étincelles et de flammes éclairèrent la ville comme d'un rayon sinistre !... Consternés par tant de magnanimité, étonnés par tant de bravoure , les croisés pleuraient en demandant vengeance... Montfort lui-même ne put que pâlir sur son char de triomphe en présence de tant de courage. Mauvais Erostrate , il ne pouvait voir brûler son temple , sa cité , sans frémir. Faible brave, il croyait que tout le monde devait être lâche et efféminé comme lui ; il ne commanda l'action qu'avec une haine sauvage...

Inutile de dire ici le peu de résistance qu'opposa la ville aux assiégeants. Le choc fut terrible ; mais l'opposition sans rapport aucun avec le choc ! Fatiguée de deux jours de lutte, la ville de Béziers ne voulait plus lutter. On remarque encore en parcourant cette cité éplorée, des traces de cet effroyable volcan ! Des remparts délabrés, des ossements dans toutes les parties du sol, ensemble bizarre de promiscuité de races, consomption étrange d'holocaustes de peuples ! Des cippes à demi-brisés, des colonnes à demi-renversées, s'élevant au-dessus de cette terre chérie, pareils à des sentinelles éplorées de la douleur et du tourment, tout atteste du ravage. Si l'on fouille encore de nos jours dans quelques maisons de construction récente, on trouve, pour peu qu'on avance dans le sol, des cercueils avec des inscriptions et des dates, inscriptions et dates qui rappellent l'antique, le funèbre souvenir !...

Heureux qui peut parcourir ces champs ravagés sans sentir une émotion profonde lui accabler l'âme. Heureux qui peut visiter religieusement ce tombeau vivant sans sentir une larme d'amour et de regret lui mouiller la paupière ! Pour si peu qu'en soit pathétique, les émotions les plus ardentes se réveillent, et l'homme ne sait si athée, il doit inculper le ciel, ou si pessimiste, il doit maudire la terre.

Renaud ne vit pas sans un plaisir indicible cette chûte inconcevable de Béziers. Chaque coup du bélier qui enfonçait un des murs inébranlables de la ville, était pour son âme un flot de miel qui ranimait son espérance. Paul sauvé, il ne lui restait plus que Rodolphe et Elvire. Cet homme à la grossière nature, aux inqualifiables instincts, conservait néanmoins dans son âme le rayon de l'amour divin. Secourir un frère, le tirer du péril où il était, assurer par là, sa co-participation avec les lois sages de la divine Providence, telle était la passion dominante de cette existence aux abruptes transports et dans la quelle la sordide avarice avait eu, jusqu'ici, une si large part. On trouve ainsi de ces êtres qu'aucun lien social ni poli n'alimentent, donner tout-à-coup des preuves de déférence et de sagesse infinies. Ces êtres, quant à leurs constructions matérielles touchent à la terre ; vus à travers le prisme rayonnant de leur for intérieur, ils s'élancent dans le ciel.

Les murs démolis, la cité prise, le peuple rendu, Renaud se dirigea sur le domaine de Rodolphe. Quelle fut sa surprise !... les flammes se disputaient le vaste établissement. Une seule porte, étroite, ardente, fumeuse, s'offrait comme l'entrée de ce gouffre : il s'y enfonça. Dans une pièce du rez-de-chaussée, il trouva un cheval baigné dans son sang !.. Il monta ; la peur, l'effroi le saisissaient. Dans une salle des étages supérieurs, parmi les décombres et les pétillements du brasier, un vieillard gîsait sur le sol, moitié dévoré par l'élément en furie ; il ne put pas le reconnaître. L'horreur inonda son âme, le courage qui jusque-là l'avait accompagné l'abandonna et il redescendit les degrés au milieu des brandons qui s'abattaient sur sa personne, des flammèches ardentes qui imprimaient sur sa chair de larges cicatrices. De là, il se dirigea sur le domaine d'Elvire. A la lueur des feux nocturnes, des flammes sans cesse envahissantes, des vases de résine se répandant horribles sur sa tête, il vit de nombreux cadavres qui jonchaient le sol... Il frémit de haine et de rage. Enfin, tremblant, éperdu, timide, il franchit la première marche du palais de Saint-Jacques... Quel surcroît de calamité !... Le silence le plus sacré régnait dans ce triste séjour !... Un chien bondit à ses pieds, baisa sa main et poussa des gémissements déchirants !... Renaud regarda le ciel avec colère ; il défit sa croix *de Montfort* et la profana sous ses pieds. Puis, plein d'amertume, il quitta ce lieu maudit et se dirigea sur Pézenas.

Quand il fut à cinq cents mètres de la ville, à un point culminant de la route, il regarda, terrifié, ces flammes qui s'élevaient vers le ciel ; il écouta pathétique, ces soupirs qui s'échappaient de la terre. Puis, comme une dernière étincelle qui s'allume et comme une dernière clameur qui s'éteint, Renaud ne vit, n'entendit plus rien : les massacreurs, la cité et ses habitants, tout avait disparu dans la nuit !... Il tomba dans la poussière et versa d'abondantes larmes !...

Cependant, le rayon du ciel, ce qui parle dans le silence, la foi de l'amour, ce qui bruit dans la charité, remuèrent son âme et l'aubergiste bénit Dieu en élevant ses mains augustes vers l'éther et idolâtra sa conduite en voyant sa conscience exempte de crime.

A quatre heures du matin, quand Renaud vit renaître dans la brume transparente de l'aube le clocher de sa cité, il contempla le ciel avec sourire et calma les appréhensions de son cœur que les horreurs du trépas avaient épouvanté et mis en détresse.

XVII.

L'Homme et son Idole.

Amour, plaisir, bonheur, où êtes-vous?...
N'êtes-vous pas un vain songe pour leur-
rer mon âme sensible? Vous agitez mes
nuits sans sommeil et vous vous dissolvez
comme une poussière; vous venez aiguil-
lonner mes jours malheureux et vous n'êtes
qu'un fantôme insaisissable.... Ah! disparais, disparais, coupe énivrante; je recon-
nais tes rêves empoisonnés. Heureux qui
pourra se dérober à tes cruelles atteintes;
heureux qui pourra fuir tes bords sédui-
sants! Il sera un jour où tu perdras de
tout ton prestige, fausse illusion : ce sera
quand Dieu assis sur son trône de gloire
viendra confondre les mondes erronés.

Aveuglez un homme de bonheur, écrasez-le de gloire,
accordez-lui tout ce qu'il peut désirer : soumission, respect, déférence; donnez-lui les titres les plus heureux,
les épithètes les plus sublimes : appelez-le prince ou seigneur, potentat ou monarque, czar ou sultan. Caressez sa
naissance, respectez sa famille, son nom, proclamez son
génie, louez sa langue, ses écrits; donnez-lui tous les
rois pour l'adorer, tous les sujets pour le craindre; en-
censez jusqu'à ses valets, ses domestiques; promenez en
triomphe son char; supposez que le ciel s'abaisse sous
son éclat, que la terre frémisse sous le bruit de ses con-
quêtes; donnez-lui enfin le rêve de Jacob et la vie de

Mathusalem !... — Eh ! bien , croyez-vous que ce forcené soit heureux ? Non , sans doute ; il demande , il désire encore. — Que demande-t-il et que désire-t-il , mon Dieu !... La soif qu'il ne connaît pas , la soif ardente , la soif du ciel. Il s'est caché dans les endroits les plus obscurs et il a consommé son crime ! Il a dépouillé les misérables et a pris des haillons de la veuve; il a prostitué la vierge sur son chemin ; par sa langue , lui a enlevé son honneur , sa réputation !... Ah ! il n'est pas heureux , il n'est pas content encore ,... il demande , il a besoin de quelque chose de plus. — Eh ! qu'a-t-il donc besoin, ce *tyran* des humains ? Il n'a qu'à élever son regard vers le ciel et à confondre sa brutale convoitise ; il n'a qu'à abaisser ses yeux sur la terre et anéantir ses désirs. Terre , cieux , divin olympe, parlez à mon oreille. Quand l'*Esclave* de l'enfer viendra agiter mon cœur , réveillez-vous , puissances rémunératrices.

Toutes les gloires de ce monde ne sont rien en présence de ce pan de ciel qui s'abaisse sur la tête du croyant !

. . . .

Rodolphe , avons-nous déjà dit, parcourut la ville transformé , donnant, parjure , la mort à des hommes qu'il eût dû bénir !... Il arriva ainsi devant le domaine d'Elvire !

Quels sentiments étranges l'oppressaient en présence de ce pieux séjour !... Naguère encore , il venait de profaner ce saint tabernacle ; il venait de presser impitoyablement une main chérie , main qui inspirait à tout homme le respect et l'obéissance ; il venait de porter à sa lèvre une étoffe vénérée, superbe pavois au-dessous duquel s'abritait l'innocence ; enfin , il venait de faire gémir la vertu au sein de son sanctuaire même !... Quels remords inconcevables assiégeaient son âme ! Quel plomb de froid et de glace terrifiait ses sens ! Lui qui était si prudent et si sage, oh ! comme il avait été léger et inconséquent, comme il avait été volage et tyrannique ! Il se mourait étonné, confus sous le poids horrible de la funeste accusation. Le repentir traversait son cerveau ; la crainte paralysait son courage. Pareil à l'enfant qui va au vol et que l'aspect du châtiment ou les terreurs de la discipline effraient et déconcertent, il avançait un pied et retirait l'autre. En présence d'une mauvaise action, l'homme a peur ; il est le mannequin de ses opinions ou le jouet de son caprice : la conscience joue un grand rôle, avons-nous déjà donné à comprendre, devant l'accomplissement d'un acte coupable.

Enfin, pathétique et religieux, il franchit la première marche ; confiant, il se hasarda sur l'autre ; protecteur et charitable, il envahit la chambre entière... Rien que la nuit !... Rien que le silence !... Un parfum embaumé s'échappait de l'auguste réduit ; sur la console en acajou, une veilleuse agitait sa flamme à trois quarts mourante dans sa porcelaine de Paros et répandait une lueur sépulcrale. Rodolphe frémit de la tête aux pieds... — Si Elvire était morte, où étaient ses dépouilles ?... — Si elle était disparue, où étaient les traces de sa disparition ?... L'œil perdu dans le trouble, le cœur battant, la poitrine oppressée, il avança vers le prie-Dieu de la captive. Une larme éclatante ruissela de dessus le livre d'Elvire à son approche et tomba dans la poussière où elle se diapra en perle d'or et de diamant. Rodolphe poussa un soupir épouvantable en présence de ce témoignage vivant des souffrances de la vierge. Puis, attristé, il s'abattit sur la chaire d'oraison, faisant résonner le bois sous ses genoux frémissants, embrassant le marchepied de ses mains débiles et tremblantes. Oh ! qui dira combien il y avait d'amertume dans cette âme muette ? Qui dira combien il y eut de rayonnement dans ce cœur aux généreux transports ? Qui pourra faire comprendre combien furent grands les poignards qui percèrent cette existence aux nobles aspirations, cette vie aux vifs enthousiasmes ? Il faut avoir aimé pour savoir souffrir ; il faut avoir perdu pour savoir regretter ! L'amant qui se désole sur les traces de son amante peut savoir combien il y a du douloureux, du pénible dans la déconfiture ; le cœur qui a perdu son *autre cœur*, peut savoir les regrets et les remords que laisse l'absence ! Car, il ne faut pas l'oublier : le degré d'affinité qui lie les âmes aimantes est inséparable ; il est aussi indivisible.

Rodolphe explora le réduit douloureux et après s'être convaincu qu'il n'y existait aucune trace de vie, il descendit dans la rue, stupide, égaré, hébété, donnant plutôt des signes d'aliénation mentale que des marques de lucidité permanente. La nuit était toujours horrible ; les ferrailleurs avaient disparu ; la cité Biterroise n'était plus : c'était un *Haceldama* épouvantable où les survivants faisaient peur aux survivants, où les morts semblaient se contempler, s'admirer, s'étreindre pour parler ainsi dans leurs dépouilles. Etrange assemblage, frappant spectacle qui glaçait l'âme et la terrifiait d'effroi.

Rodolphe abaissa sa tête sur le sol, colla son oreille contre le pavé, et, s'étant assuré que les massacreurs étaient disparus, il se hasarda dans la ville. Le massacre était hideux, déplorable, poignant. Arrivé à un quartier désert, au milieu d'une place vide et ravagée, un édifice s'élevait, grand, imposant de clarté et de lumière. Rodolphe reconnut l'église. Il y avança. Au milieu d'un sang épais et écumant, plus de dix mille cadavres gisaient. Les images des Saints, défigurées, se perdaient, disparaissaient dans le sang des victimes !... Singulier mélange !.. effroyable agglomération ! Le profane s'était mêlé au sacré, les palmes dignes d'immortalité s'étaient mêlées à l'Immortalité même ! Dieu avait permis cette redoutable effusion de ces peuples.... Qui sait, osons-nous dire, si cet assemblage funeste ne sera pas un jour notre propre condamnation ? Qui sait s'il ne veille pas aujourd'hui sur nos destinées, sur notre France, sur nos vies ? Quoi qu'il en soit, quoi qu'en augure l'Eternel, quoi qu'il en découle de ce voile opaque qui couvre une époque de désolation et de mort, maudissons toujours avec l'arme de la charité toute action d'arbitrage insensé et n'oublions pas que le despotisme est le comble de toute dépravation. Le fanatisme qui lève les poignards et l'oppression qui aiguise les glaives sont des actes d'un peuple féroce et le sacrifice de cent catholiques sur l'autel de la *Vertu* sera toujours plus agréable au Seigneur que le martyre infligé à vingt millions de Japonais pour la défense de la Religion ! Les moissons de l'héroïsme se cueillent sur un champ de justice et de paix. Quand une nation refoulera l'équité pour s'empourprer de gloire, l'anathème la suivra toujours de près et les peuples à venir chanteront sa haine et ressusciteront sa décadence.

Rodolphe fut effrayé devant l'immortel sacrifice ; ses cheveux se hérissèrent ; sa colère pâlit ; son cœur bondit, un effroi de mort et de sépulcre erra sur tout son être, sur toute son âme. Seul, puéril au milieu de tant d'amour, profane au milieu de tant de sacré, sacrilége au milieu de tant de sublime, il entra effaré dans le temple, l'amour dans le cœur, la bénédiction dans l'âme. Peureux et timide, il prit sur l'autel du chœur un flambeau de pure résine et parcourut épouvanté l'asile, répandant une clarté sinistre sur tous ces cadavres dévisagés. Il arriva ainsi dans un coin de la nef, près d'un pilier mutilé où la lutte semblait avoir été le plus affreuse. Elieb, l'étrange breton, s'élevait au-dessus d'un monceau de morts, échevelé, sanglant et terrible. Rodolphe remua le tas de son épée.... celui-ci croula, s'ébranla et disparut en grinçant dans l'ombre... Une excavation profonde venait de s'offrir à l'œil de l'Explorateur. Rodolphe s'enferma dans ce gouffre effrayant.... la clarté terne du flambeau lui laissa voir un autel dégradé et puis une vierge couchée morte au pied d'une colonne antique. Les cheveux de l'inconnue étaient déroulés ; son sein semblait palpiter légèrement ; son regard se perdait d'immobilité navrante dans l'espace. L'air de l'infortunée était empreint de cette grâce et de cette majesté angéliques, qui durent sans doute charmer Adam, quand pour la première fois il vint contempler sa femme Eve endormie dans le Paradis de douceur....

Rodolphe abaissa sa torche et en laissa se projeter la clarté terne et triste sur le visage de l'Ange inconnu !

. . . .

— Oh ! oui, c'était bien elle, la fille de Saint-Jacques ; elle la fille malheureuse ; elle l'infortunée,... celle que le mauvais sort avec ses poignantes tortures et ses inqualifiables tourments écrasait....

Rodolphe sentit sa main faiblir, son cœur déborder et le flambeau qu'il tenait d'une force mal sûre, glissa, s'inclina, tomba et s'éteignit dans l'ombre.... La nuit reparut avec ses inexprimables spectres. Seul dans ce réduit, la vertu d'un côté, le respect de l'autre ; le sacré sur sa tête, l'émotion dans son cœur, Trencavel sentit le sang se figer dans ses veines. Il s'appuya contre le cippe au pied duquel la vierge avait semblé gémir et écouta les vibrations de son âme, cette tendre plainte, au milieu de cette nuit sépulcràle et d'angoisse.....

O vous qui calculez sur les chances spécieuses ou équivoques de la fortune, vous que l'espoir ranime ou la consolation ravit, aviez-vous perdu un trésor et l'avez-vous retrouvé ? Aviez-vous perdu la santé et avez-vous retrouvé la vie ? Tout cela, ce sont des satisfactions infiniment communes à notre grossière époque; le cœur n'a pas besoin qu'on les lui exprime; l'existence la plus matérielle les ressent. Mais aviez-vous perdu une amie à laquelle vous teniez beaucoup et l'avez-vous retrouvée ? L'amant a-t-il retrouvé son amante? L'époux a-t-il retrouvé son épouse qu'il cherchait, qu'il croyait égarée ou morte et que le sort lui rend avec tout son bonheur et son inexprimable sourire? Ceci est du rayonnement, du charme que Trencavel ressentit. La vie lui manquait depuis la séparation de sa bien-aimée Elvire. Quand il crut la retrouver, cette source féconde jaillit dans son âme en jets si déchirants, que sa nature s'en trouva entièrement bouleversée. C'est pourquoi il se tenait collé contre le cippe, ne pouvant maîtriser l'épanouissement radieux auquel il était en butte...

Mais le jour se faisait déjà. L'aube commençait à blanchir le nuage. Dans ce mois de juin, l'aurore secoue ardemment les roues de la nuit paresseuse! Les sentinelles qui veillaient aux dépouilles navrantes de la cité, pouvaient surprendre Trencavel dans son antre, le troubler dans sa quiétude. Il agita son flambeau en l'air et l'odorante résine pétilla et s'illumina d'une lueur blafarde et trouble. Il avança encore de nouveau sa torche de l'infortunée et en considéra les traits pâlis , la bouche presque bistre , le front perlant d'une sueur mortelle.... Son œil comme tantôt n'était pas fixe ; il était à moitié perdu dans sa paupière de velours; une sorte de langoureuse volupté se peignait sur tout son visage...

Rodolphe s'abaissa, colla sa lèvre contre cette lèvre aux chastes transports , aux bibliques embrasements et pressa dans ses bras cette taille candide que le malheur seul avait ravagée et qui eût pu servir de type aux peintres Grecs et aux sculpteurs Romains.

Elvire se ressentit de cette captivité impure et se débattit dans une contorsion névralgique...

Alors , Trencavel s'effraya devant cette lute héroïque de la virginité ; il sentit le repentir lui traverser son cerveau , et remontant de l'asile, il s'assura au dehors que le silence régnait dans la cité. Puis revenant à la malheureuse , il la prit sur ses épaules et regagna les champs , heureux de n'avoir pas été troublé dans sa riche conquête et se sentant fier d'emporter un si sublime trésor.

Mais, quand il fut à cinq cents mètres de la ville , au point où Renaud avait poussé ses doléances et ses soupirs, comme lui il n'éleva pas des mains de gratitude et de reconnaissance vers le ciel; son œil terne erra sur le sol et demanda l'anathême. Son cœur se déchira, ses jambes fléchirent, ses forces l'abandonnèrent; il posa sur une pelouse humide de rosée , la captive en larmes... Cruel, il frappa de ses poings crispés la terre insensible, malheureux, il contempla le ciel avec des larmes de sang et de repentir... il poussa en s'agenouillant auprès de la vierge, des rugissements que les échos répétèrent....

Tandis qu'Elvire jetant sur lui un regard de malédiction et d'ignominie sévère , lui dit : — *Maudit !*...

Puis , bras dessus , bras dessous , comme ces Malheureux du Jardin de délices , quand un amour trop coupable leur eut fait toucher au fruit défendu , ne pleurant plus les choses de la terre , mais les souvenirs du ciel outragés , offensés, s'acheminèrent l'un et l'autre vers l'auberge de Renaud.

Quand ils arrivèrent près du toit enfumé , le soleil se levait et perçait de ses rayons dorés la cime des peupliers si communs alors en ce lieu !

Le soleil parut étrangement sinistre à Rodolphe.

Ils s'agenouillèrent l'un et l'autre sur les dalles du pauvre lieu , faisant résonner l'hôtel de leurs gémissements , attendrissant l'hôtelier et l'hôtelière par leurs déchirements étranges.

XVIII.

La Poitrinaire.

L'homme est essentiellement composé de matière et de sentiment: la matière finit ; le sentiment reste: c'est l'immortalité de l'âme qui est patente, certaine, incontestable. De là, cette conséquence inévitable , *qu'il y a un lieu où les actions bonnes seront récompensées*; de là aussi cette redoutable maxime : *Memento homo quia pulvis es et in pulverem reverteris.* La philosophie *hautaine* a posé cet effrayant problème; que là où finit la vie finit aussi tout avenir. Peu rompu sur les matières philosophiques, nous dirons, nous, que là ou finit la vie *commence l'avenir.* Car, pourquoi nos anciens nous auraient-ils posé cette douce morale : que nous ne devions nous bâtir ici-bas que *des tentes* parce que le lieu où nous irions habiter demain serait meilleur ?.. Cette solution a paru souveraine à tous nos devanciers dans la voie du bien , et nous pensons que tous ceux qui nous lisent à cette heure, voudront bien contrôler notre avis... La plante languit; elle ne soupire pas ; elle s'incline lentement sur sa tige ; elle meurt ! L'homme au moment de son agonie, de ses affres, élève son regard vers le ciel!.. il pousse des regrets et des supplications.... Etrange contraste qui prouve qu'en lui-même il y a un sentiment autrement supérieur! La bête, et c'est ici de la bête *animale* que nous voulons parler, ne cherche pas un lieu propice pour sa sépulture! elle succombe au lieu où l'appelle son destin. L'homme à son trépas, demande et convoite le lit de ses pères disparus. Il veut être enseveli dans le sacré tombeau que lui ont en quelque sorte légué ses parents à leur mort! on trouve plus de bonheur, plus de rayonnement à être réunis aux cendres de ses pères éteints ! Cette étrange promiscuité, cette inexprimable fusion, promet le bonheur et semble consolante pour l'avenir... Le Mahométan en expirant, exclame—*Allah*!.. L'Indien—*Vichnou ! Shivel, Para Brakma!* ou *Brakma* seulement... Le chrétien, l'homme selon notre foi et notre cœur : — *Mon Dieu! Deus meus !* Digne enthousiasme, sublime aspiration qui prouve que la Providence a planté ses rayonnements, ses bornes ici-bas.

Ah! cessons de nous torturer ; voyons la philosophie là où ne vit que l'impiété, et quand le trépas sonnera, au lieu de chanter avec ce *Forcené* du dix-huitième siècle les prosaïques strophes de Satan et ses Enfers, modulons nos accents sur la harpe de David et bénissons le Seigneur !

Non ! l'homme ne meurt pas ; il vit et prospère. Tout ce qui n'est pas lui est matière et disparaît, et il est destiné à rendre par son *moi* sublime, cette parole sentencieuse et adorable du Seigneur irréfragable : *Tu es mon œuvre, et en toi je mettrai toute ma complaisance.*

. . . .

Le mois de novembre avait sonné. Novembre est le

mois des brouillards , l'époque où la nature s'enveloppe de deuil et où elle semble pleurer stupéfaite la splendeur de ses beaux jours si soudainement passés. L'aube se teint de rosée et constate ses larmes ; les vents sont tièdes et variés , signe de son trouble et de son désespoir ; les arbres et les plantes se dépouillent de leurs feuilles, richesse qui la parait et en faisait l'ornement et l'admiration ; le ruisseau ne coule plus que par bonds ; il charrie l'eau courroucée des montagnes et des prochains frimas ; l'hirondelle rase de son vol la terre ; elle fuit inquiète et troublée vers des régions plus belles et moins ingrates ; le rossignol ne chante plus ; le soleil se teint d'une lueur blafarde ; le bûcheron enfonce sa hâche dans le tronc gémissant , insigne frappant de la présence des hivers et de la chute des givres.

Une hôtellerie, ou pour mieux dire, une pauvre chaumière , sans bruit et sans gazouillement, avait ouvert sa porte vermoulue aux rayons du soleil levant , de ce soleil qui, aux saisons de Flore , rajeunit l'esprit et ranime la nature, et qui, dans les cercles piquants d'Eole, enveloppe le globe d'un voile noir et sanglant. Au coin du feu de cette hôtellerie, au coin de ce feu dans lequel ne pétillait plus aucune branche de chêne , au-dessus duquel ne flottait plus aucun voile de fumée , un homme gravement assis pensait et méditait sans cesse. A côté de lui était une femme tout en larmes , se désolant comme lui, paraissant bouleversée par la même douleur. Cette antique mère de la désolation, *mater desolata* , élevait de temps à autre son regard vers le plafond , puis le laissait retomber tout triste , tout abattu sur la cendre noirâtre et considérait dans une extase de trouble , une image de la Vierge incrustée sur la dalle sise sous son pied sénile. La femme paraissait soixante-et-dix ans , l'homme cinquante : c'était Renaud ; c'était Marie. Un vent du Sud s'engouffrait par la porte et balayait dans la salle les immondices que l'aubergiste n'avait pas encore enlevées depuis la veille.

Alors la vieille hôtelière essuya son front d'où perlait une sueur mortelle et le regard affligé et l'expression sympathique :

— Le bon Dieu nous pardonnera-t-il, Renaud ? dit-elle , et de sa main calleuse elle comprima sa poitrine que des transports inquiétants faisaient sans cesse bondir.

L'aubergiste ne put à ces mots contenir un râle , et, pareil à sa femme, il éleva ses regards vers le ciel.

— Sommes-nous pêcheurs ? dit-il.

Marie serra son chapelet dont le grain rutila dans sa main débile , et la voix tremblante :

— N'as-tu pas assisté au drame, Renaud, dit-elle? n'as-tu pas trempé tes mains dans le sang ?

Renaud sourit lugubrement à ces mots; puis, il laissa errer sa main fiévreuse sur son redoutable poignard :

— Oh ! non , jamais, dit-il; non, jamais...

Puis, un silence de tombe s'établit entre l'hôtelier et l'hôtelière et la salle devint un sépulcre vivant où le malheur trôna seul et où la commisération déploya en vain ses ailes.

Et à ce mutisme surprenant succéda un léger mouvement de voix ; et puis comme à l'époque où l'hôtellerie était sous l'impression des révélations magiques, un long soupir partit d'une des salles d'en haut et un violent coup d'épée fit résonner le pavé retentissant et solide.

— Malheureux !... s'écria Marie en proie à la plus grande affliction ; malheureux !... si malheureux que la calamité ne saurait jamais rien créer de pareil.

Renaud fit gémir son escabeau sous son pied timide et avec le plus redoutable des épouvantements :

— Elle ne saurait survivre, ajouta-t-il, elle ne saurait survivre !...

— Ah ! reprit Marie torturée ; il est des douleurs qu'on ne peut attiédir... celle qui brise en ce moment la vierge est de celles qui creusent les tombes ! La tige que la fureur des aquilons tracasse, plie, crie, frémit et finit par tomber... Elvire est de ces tiges-là : le malheur l'emporte ; la douleur, l'ingrate douleur, vient nous la ravir...

Renaud sécha ses larmes ; ensuite il exhuma de sa poche un espèce d'album et lut d'une voix attendrie la note suivante, testament sublime dans lequel la vierge payait un tribut de mémoire à la famille Renaud et où elle laissait s'épandre les notes et les complaintes de son cœur. Ce document *commémoratif* fut trouvé par l'aubergiste sur une des dalles de son jardin, à côté desquelles s'élevait un sycomore, mémorable ornement de ce lieu. Comme à Béziers, Rodolphe et Elvire avaient passé au pied de cet arbre de tendre moments. Un soir que Rodolphe l'appelait, Elvire oublieuse, délaissa la note sur une pierre brunie. La mousse avait dès lors poussé sur le granit ; mais elle n'avait point voilé ni entaché la rayonnante aspiration, la mystique confidence ! O étrange effet du hasard ! Singulière conservation ! les pluies et les frimats avaient déversé toute leur inexplicable furie autour de ce monument radieux ; la note était restée fraîche, intacte, immaculée ! Le ciel avait voulu rendre en quelque sorte esclave la nature pour lui dire : — Arrête-toi là ; respecte ce que je respecte !... Ainsi à travers les âges et les générations écoulées, la fontaine de Siloé nous apporte toujours son onde bouillonnante et pure. Ainsi à travers les ténèbres de l'antiquité et les rigueurs des temps, une relique, un livre nous apparaissent frais encore et palpitants de joie et d'amour sous l'impression frappante de leur auteur. Ages, mondes, nations, siècles, empires, tout tombe et s'écroule ; la parole de l'Eternel vole seule immuable à travers les éternités et les temps. Le livre qui apporte le souffle de *vie* est le magnétisme inextinguible qui anime les âmes : il ne meurt jamais.

Nous donnons la note d'Elvire :

« Sycomore chéri, toi qui as lui sur ma douleur, luis
« aussi sur ma tombe. Qu'est-ce que la vie, si non un
« enchaînement de souffrances ? J'ai vécu, j'ai vu ; heu-
« reux qui peut vivre et voir et n'emporter à sa tombe
« que l'existence du saint et les lumières du sage ! Mais
« par quelle voie t'ai-je manqué, ô Seigneur ?... Hélas !
« plus je scrute ma conduite et plus je sens qu'elle est
« noire et en contradiction avec tes sévères maximes.....
« Pardonne, ô Père infiniment bon ; pardonne à l'enfant
« de la misère et de la douleur, et à mesure que mon
« âme approche de ton saint tribunal, ne la regarde
« pas avec le regard de la réprobation et de l'anathème ;
« mais aie pour elle un de ces cœurs d'amour, un de
« ces cœurs ineffables dont tu enrichis la Chananéenne
« repentante et soumise à tes pieds.

. . . .

« O Rodolphe !... qu'elle est pénible et triste, notre

« destinée !... Où est notre bonheur ?... Folle illusion,
« fuis loin de nous !... Regardons le ciel, mon ami ; il
« est si parsemé d'étoiles ! Quand on considère ce pavil-
« lon si mystérieusement semé au-dessus de nos têtes, il
« est si doux d'aimer ! Mais alors, c'est du sage......
« Aimons-nous ainsi, Rodolphe ; aimons-nous ainsi.

. . . .

« Tombe, tombe donc feuille éphémère ; roule-toi fré-
« missante et éperdue à travers le ruisseau du vallon,
« sur la haie du côteau. Comme moi tu as fait ton
« cours !... Nous devons rouler tous deux vers l'Infini !..
« Mais où serons-nous demain ?... Demain !... Mon
« Dieu !... que cette idée est grande !... Prends-nous
« sous ta sauvegarde, Père clément : nous sommes ton
« œuvre ; pourquoi nous abandonnerais-tu ?

« Adieu donc, pays, soleil, patrie, adieu ! Renaud,
« famille chérie, adieu ! !

« Puisse l'expression de mon âme passer dans tous
« tes sentiments : puisse cette lettre que je trace à la
« face des étoiles, venir un jour charmer tes loisirs !

« Si jamais, heureux couple, accablé par la vie, tu
« venais un jour déposer tes contemplations au pied de
« cet arbre, puisses-tu, comme moi en l'amour de
« Dieu, contempler sa munifiçence et adresser dans une
« extase de gratitude un hymne à sa louange.

. . . .

« Adieu, verdure, adieu saison des fleurs ; frère, mon
« malheureux frère, adieu ! ! ! »

« ELVIRE. »

— Angė ravissant ! s'écria Marie.

— Digne d'un meilleur sort ! ajouta Renaud.

En ce moment, un homme à la mine effrayée se présenta sur la porte. Il portait un pourpoint de velours ; sur ses épaules était jeté un manteau d'hermine. Il était connu dans les environs sous la dénomination du docteur Sans. Sans était un de ces sectateurs ardents ; mais un de ces pessimites à l'excès. Il avait fait sa philosophie épicurienne à l'école de Birmingann et doutait de tout, ne croyant qu'au plaisir. Abrutir ses sens : telle était sa maxime générale. Son esprit éhonté lui avait suggéré un livre de philosophie liberticide dans lequel respirait la passion la plus effrénée pour les sentiments anti-moraux. S'il était goûté un instant, c'était grâce aux dépravations de son siècle ; son génie se ressentait d'une nauséabonde métaphysique qui donnait le délire... Il n'était venu à Béziers que pour y piller. Il entra donc sans forme de politesse aucune dans l'auberge.

— Quelle crainte vous afflige, dit-il en s'annonçant : serait-ce par hasard le regret d'avoir fait la guerre à ces pauvres *forçats* ?

— Respectez le bien d'autrui, si vous ne voulez respecter l'âme des sages, lui répondit Renaud. Vous êtes d'abord, dans une maison qui ne vous appartient pas, ensuite, vous profanez la retraite d'une mourante.

— Je suis médecin, Renaud, répondit l'intrus ; montrez-moi la malade, que je la voie !

— Elle n'est plus de ce monde, en ce moment, ajouta l'hôtelier ; elle paie ,... l'infortunée, son tribut à la nature.

— Passage que tout doit faire, insinua Sans, sans s'inquiéter.

— Vous êtes donc bien peu sympathique, docteur ! lui opposa Renaud ; vous voyez ainsi avec indifférence s'échapper la vie des mortels !...

— J'aime les cœurs accessibles à la pitié, Renaud, répondit Sans, sans partager les transes et les perplexités de l'aubergiste ; mais je ne me suis jamais fait une terreur fondée de ces invariables coups de mains qui viennent à chaque instant affliger la nature. Depuis que mon stéthoscope s'appuie contre des poitrines, j'ai facilement rompu mon existence sur les vicissitudes et les fantaisies sans nombre de la vie... — Qu'est-ce que l'élixir vital, si non une chandelle qui brûle ?... Qu'est-ce que l'élixir mortel, si non une chandelle qui s'éteint ?...

— Cœur d'enfer, ajouta l'hôtelier.

Nous laisserons ainsi le docteur et Renaud traiter sur des matières purement insignifiantes, et nous pénétrerons dans la chambre d'Elvire.

. . . .

Le galetas était à peine éclairé ; un morceau de résine brûlait dans un chandelier de bois asiatique.

La vierge couchée sur une litière de feuilles sèches avait à ses pieds Rodolphe dont le regard la pénétrait et la perçait, dont le souffle se mêlait au sien et semblait une même vie animant une même âme.

La respiration d'Elvire était courte, saccadée. Par moments, elle se suspendait, et alors Rodolphe comprimait son cœur dont les bonds anormaux torturaient toute sa

nature. Puis, quand la vierge revenait à la vie, il la con-
templait avec délire, pressait sa main de ses mains désolées, effleurait de ses lèvres violettes et pâles son visage
ruisselant de sueur et exhalant avec les symptômes alarmants de la mort, l'odeur de terre et de sépulcre!...

De temps en temps, il imbibait un léger chiffon d'une
tisane adoucissante et en humectait la lèvre de l'infortunée.

Celle-ci restait insensible à tous ces attouchements, à
tous ces secours.

Tout à coup elle se leva :

— Ils sont là !... dit-elle exaltée par une surexitation
surhumaine... Ils sont là!... eux ! les malheureux!... les
assassins de mon frère!... Les voyez-vous?... Qu'ils sont
terribles !.... Qu'ils sont menaçants !.... Qu'ils sont
nombreux !........ Que d'épées reluisantes !........
Que de casques flamboyants !... Ciel!... que de haine
dans tant de rage, que de vengeance dans tant d'infâmie !
Périssez par le fer, misérables sbires; assassins plus lâches, plus infimes que Procida ;... bourreaux sans amour,
périssez par le fer !!... Quel spectacle affreux ! Quelle
boucherie horrible!! Oh ! Justice de mon Dieu , plus méprisée que celle des hommes ! Où sont donc tes préceptes ,
Sainte humanité ? Vertu où est ton nom?... Les voyez-
vous !... les voyez-vous ?... Oh ! mon père, mon père !...
De Paul !... quel effroi ! !... que j'ai peur ! ! !...

Et à ces mots d'amertume et de sang, une sueur de glace
inonda son visage. Son corps plia dans une contorsion
inexprimable : elle s'affaissa sur le tas de feuilles, éperdue,
hagarde, toute palpitante de crainte et d'émotion. Son œil,
desséché par les larmes , labouré par la douleur, pour-

pre de haine et de résignation céleste, semblait sortir de son orbite tout en feu ; ses muscles se dessinèrent horriblement ; ils se contractèrent dans une crise dont la description est ici impossible.

Puis , une sublimité sainte s'exprima de sa noble bouche.

Et de cette expression tendre et attachante , une mystification angélique s'opéra. La sainte reparut en elle ; tout ce qu'il y avait en elle d'humain se transforma , et, pleine de sérénité et d'onction sympathique , elle s'agita sur son gîte de poudre et de misère :

— Oh ! viens , mon ami ; viens !... dit-elle suppliante et tentative à Rodolphe.

Et elle tomba évanouie.

Rodolphe en croyant saisir une créature , ne pressa bientôt plus qu'un cadavre.

Il sentit , lui Trencavel[1], tout l'abandonner ; l'avenir , l'espoir, l'amour , la vie ! Il resta longtemps muet et atterré auprès de la vierge ; longtemps il pria auprès.

La famille Renaud et le médecin accourus sur les lieux, ne furent d'aucun secours : la malheureuse était passée à l'éternité !...

Rodolphe se détacha alors du groupe , et parcourant le jardin de Renaud tout épouvanté , il cueillit un bouquet de roses et de myrthe et en tressa une couronne de gloire et de reconnaissance à la vierge.

— Oh ! Ordener, dit-il en plaçant cette couronne chérie et d'amour sur le front d'Elvire ,... Ordener !...

et il embrassa plein d'un feu farouche et d'une désolation sombre , celle que durant sa vie , il eût craint de blesser en la regardant.

Les restes de l'infortunée Elvire furent confiés à une lande déserte , le long du rivage de Vias , entre Agde et l'étang du Grau. Cette lande, à cette époque, faisait partie du domaine des Trencavel.

XIX.

La Prière á bord de l'Eau.

Mer, gémis, gémis mer ; mon âme s'identifie »
à ton sinistre murmure.

Aimez-vous la poésie ? Aimez-vous la Vérité sainte au doux langage, à la sentimentale expression ?... Aimez-vous le calme de la nuit, le silence de la prière ? Et aimez-vous cette harmonie divine, ce flot sans cesse rayonnant et pur que du haut des cieux, Dieu épanche dans le cœur de ses enfants?... Venez et suivez-moi. Je ne vous mènerai pas au milieu des bals et des fêtes, au centre des jeux et des divertissements mondains. Non ! à la communion céleste, il faut un commerce suave et doux ; à la compagne des anges, il faut des esprits prédestinés ; au palais des heureux ! il faut des existences de paix et des vies tranquilles. Venez !... la nuit descend ; le laboureur tranquille regagne sa chaumière; l'étoile du Berger, l'étoile de Vénus, rouge et humide de rosée, se balance pleine d'amour à l'horizon. La lune, dont le reflet attiédi passe à travers une vaporeuse brume, diapre ses rayons sur la noble montagne, sur la mousse fleurie et argentée. Il est huit heures !... heure pleine d'extase pour l'amant et pour le solitaire de la Thébaïde : le premier chante au Seigneur ses hymnes d'amour ; le second ses cantiques de grâce dont les accents suaves et religieux rendent pour ainsi dire solennelle l'époque qui préside à leur éxécution. Huit heures après le coucher du soleil, c'est le nouveau monde trônant sur l'ancien, la montagne du scepticisme écrasée, pulvérisée par la Vérité parlante; l'Incarnation des mystères des cieux, confondant les argumentations et raisonnements terrestres, l'homme grand, puissant, devenu mannequin; le colosse, devenu infime ciron, le forban, devenu bagatelle; le contempteur devenu mépris à son tour. La nuit est le voile mystérieux qui absorbe toutes les forces et toutes les vertus, l'étang affreux, indomptable, qui ensevelit toutes les misères, toutes les plaintes comme toutes les splendeurs! Le Dieu-Géant qui enveloppe dans son bras de fer, dans son gant, tout ce que nature a de brave et de fort, de puissant et de solide. L'homme devant la nuit s'incline et tombe; il pose son masque de pourriture et se revêt du crêpe de la peur, effrayant symptôme qui prouve combien sa petitesse est grande, son infimité petite. La nuit réunit à elle seule ces trois choses incontestables: Autocratie, Autorité, Souveraineté.

Il est huit heures! disons-nous. On sent dans la vallée les arbres frémir et les plantes s'incliner doucement.

Nous suivons, plein d'émotion, un chemin de la plaine. La chèvre sur nos pas a brouté la ronce, la brebis l'herbe; des peupliers et des saules s'élèvent à notre droite et à notre gauche. Le chemin est montant, sabloneux; puis il se convertit en sentier et devient une voie insensible qui se perd à travers l'immensité des champs et les constellations sans fin du rivage. La nuit semble devenir plus pure pour piquer davantage notre curiosité, pour attendrir davantage nos âmes! Au fond d'un escarpement formé

par des falaises et au milieu d'une solitude inexprimable ,
sur un fond noir d'ébène et que charme en ce moment
seul l'azur des cieux , se dessine un carré blanc de vé-
tusté ou de poudre. Aucune habitation qui l'environne ;
il n'a pour toute compagne que le mouvement des vagues
et le cri rauque et infiniment rare du nautonnier. Personne ne l'aborde sans trembler ; il est de funeste augure !
La femme du pêcheur l'arrose de ses larmes ; la fille du
pilote l'enivre de ses soupirs. — Quel est , me demandez-
vous , ce séjour si mystique ? — C'est le *cimetière des pêcheurs.* — Le cimetière des pêcheurs !... notre cœur bat
plus fort ; notre souffle se suspend à nos lèvres ; nous
n'osons parler ni avancer. Cependant, la curiosité sur-
monte notre effroi , et nous entrons sans crainte dans la
terre chérie , dans la terre sainte où les morts reposent
généreux dans leurs dépouilles !...

Avez-vous visité un cimetière de nuit ? Votre foi en
l'âme , avez-vous approfondi et médité sur cette terre créée
d'ossements , animée de chairs ? L'erreur ici s'effondre ;
elle se dissout dans la poussière. L'homme devenu Géant
se ressent de son baptême ! Il contemple le ciel dans une
extase inexprimable et le ciel l'entend , il l'écoute ! Voir
un cimetière de nuit , méditer sur une tombe au gazon
émouvant et qu'éclaire seule la face des étoiles, c'est goûter
par anticipation le passage spontané de la terre au ciel ,
c'est dépouiller sans retour les consolations de cette terre ;
c'est s'incorporer au Dieu-Fort , au Dieu-Grand , au Dieu-
Puissant ; c'est en quelque sorte cesser de mourir pour vivre ; c'est vivre pour mourir ! La philosophie captieuse
enivrera l'homme en vain des contentements de cette vie :
sur une tombe vivifiée par la foi, toute chimère équivoque

disparait , et l'homme oublie sa nature et son origine pour pactiser ainsi avec les anges !...

. . . .

Vivait ainsi, dans le xIII^{me} siècle , entre Vias et Agde, une terre sans nom que l'habitant des plages désertes appelait le *Champ de la Douleur*. Arrosé par la moite humidité des grèves , animé par l'écho sans cesse bourdonnant dès mers , ce champ laissait croître à son centre des herbes et des épines. Quelques inscriptions effacées en décélaient, en dévoilaient l'emploi... Le passant à son aspect reconnaissait la *cité des morts* !...... Il saluait et passait triste.

Le 22 novembre 1209 , cette terre venait de s'ouvrir à une chère dépouille ! .. Une tombe éclatait à la lune du soir et un homme était à genoux sur cette tombe.

La prostration semblait son partage ; il essuyait de ses mèches de cheveux longues et larges , ses larmes. L'heure du *couvre-feu* sonnait : les cloches d'Agde et de Vias balançaient cette lente harmonie par laquelle l'habitant, l'homme , le Français était invité à la prière , au recueillement, au silence. La femme laissait alors s'arrêter son dévidoir ; le pécheur, sur sa frêle embarcation, éteignait son falot de serge dont les jets rougeâtres se diversifiaient sur les eaux , sur la grève et les galets : le tendre mousse ramenait son embarcation , rattachait ses cordages... une faible chanson s'élevait tout à coup dans le ciel : c'était le pilote qui encensait le Roi de la nature à l'approche de l'heure du repos !...

L'homme en prière serra son pourpoint , balançà douloureusement sa tête , et:

— Non! dit-il; non, elle n'est plus!... dors, nature,
dors.

Puis, croisant ses mains et avec un regard plein
d'expression et d'amertume :

— Pourquoi pleurer, pourquoi gémir ?... ajouta-t-il.
N'est-il pas un lieu où l'on est mieux ?... Les âmes qui
ont été pures n'ont-elles pas un séjour où elles peuvent
goûter plus loyalement les douceurs de leur tendresse ?. .
Dors, Elvire, mon Elvire, dors... Mon ingrat égoïsme,
ma dégradante ambition ne te réveilleront plus au repentir; non!... qu'est-ce qui t'a fait t'envoler au séjour des
immortels?.. N'a-ce pas été ma persécution ?.. N'as-tu pas
mérité, n'as-tu pas conquis le ciel quand je me suis montré si outrageant et si indigne ?... Oh! pardonne, pardonne, Père clément !... pitié, pitié pour l'enfant de la
douleur et de l'infâmie !... Nouveau Caïn, je t'ai offert
une victime sans tâche : qu'il est grand ton nom, quand
il pardonne à un cœur si meurtri !... Dors donc, précieuse nature, Elvire, Elvire chérie, dors!

Et les larmes coulaient abondantes de ses yeux; son
front envahi sous une écrasante chaleur, ployait sous le
faix du remords et du repentir... La nuit était belle, la
vague tiédeur des brises maritimes tendrement agitées,
apportait au milieu d'une perception presque insaissable, le
bruit lointain et confus de l'Hérault se jetant dans la mer,
puis la chouette peuplant la solitude des bois... Le sable
des plages cria et des pas mesurés se firent entendre sur le
rivage.

Le bon Biterrois se leva sur la tombe vénérable.

— Du bruit, ici!... dit-il; du bruit, tandis que tout
dort et tout sommeille?... Quel mortel ose venir troubler
cette sainteté, ce repos?... Allons, ma rapière!... toi

qui as été traîtresse et lâche jusqu'ici, du courage. Honore ta valeur par une nouvelle conquête et que les rives des océans soient jonchées des débris vengeurs du sang d'Elvire de Saint-Jacques!...

Les pas de l'inconnu se rapprochèrent, et un homme grand de taille, noble d'origine, se dressa aux rayons tremblants et vaporeux de la lune.

Rodolphe resta frémissant et confus ;... le vertige lui monta au front, et plein de trouble :

— De Paul !... dit-il ; de Paul !... oh ! ciel ! ! !

La vallée bourdonna longtemps l'étrange exclamation ; les oiseaux de nuit, peuplant les saules, s'effrayèrent ; le pêcheur qui n'avait pas encore emporté les recettes de son labeur du jour, se retira en tremblant dans les enfoncements de sa cabane.

— Oui !... moi !... répondit de Paul... Moi !... Quel destin nous rassemble, Rodolphe ?

— Quel malheur nous réunit ! de Paul.

— Je l'ai cherchée !... continua de Saint-Jacques ; je l'ai cherchée dans le camp de Béziers, sous les murs de Carcassonne et je ne l'ai point trouvée !... Je l'ai demandée aux échos de la nuit et les échos ne me l'ont point rendue !... Où la trouver maintenant ? Oh ! Elvire, Elvire, ma sœur !... J'ai assisté au massacre de Roger et tandis que Montfort s'énorgueillissait de son anéantissement, je pleurais malgré les répugnances de mon âme les égarements et les désordres de ce chef inique et barbare. Une sympathie muette, quelque chose de cordial et d'insurmontable semblait m'associer à cette destinée horrible de celui qui fit nos malheurs et nos tourments ! Victime sans foi et sans amour, j'oubliais qu'en pleurant sur le sort du provocateur de nos infortunes, je devenais traître et parjure !... Traître, en ce que je perdais de vue les souffrances de ma patrie, parjure en ce que, au milieu de ma prostration même la plus grande, je devenais assassin et lâche envers les calamités de ma famille ! Ah! le ciel n'a-t-il pas vengé un sang si ingrat ?... Sacrilége et indigne, j'ai osé effleurer de mes lèvres désolées, le corps mutilé, le corps flétri de l'impur des impurs, du sanguinaire des sanguinaires ! J'ai trempé dans le blason immaculé de mes aïeux l'auréole sale et dégradante de ce scélérat!... Rodolphe !... Ah! Rodolphe,... les cendres de mes pères ont frémi au contact de cet attouchement odieux !... Oh !... Elvire !... ma sœur Elvire,... où es-tu? Mer, me rendras-tu celle qui vécut longtemps de mes soupirs? Montagnes surprises, étonnées, m'apprendrez-vous le sort de celle qui vous peupla de ses chants? Et toi, Rodolphe, mon ami, mon seul et unique espoir d'amitié et d'amour en ce monde, me diras-tu l'existence de Celle qui sourit tant de fois à ton avenir, que tu avais juré d'aimer d'un amour sans égal et que tu devais protéger?...

Trencavel sentit ses cheveux se hérisser sur sa tête; sa main erra frémissante sur son sein palpitant.

— L'as-tu demandée au murmure des mers, de Paul? dit-il attendri.

— Au murmure des mers ?... Quel est cet accent qui vient toucher mon âme?

— L'as-tu demandée aux larmes de la grève ?

— Qu'est-ce que cet étrange mystère ?...

— As-tu enfin consulté les inscriptions des tombes du

cimetière des pêchenrs ?... Comme moi, t'es-tu agenouillé sur une froide dalle ?

Un froid poignant traversa le souffle de Paul; sa respiration resta courte et enrayée.

— Explique-toi, Rodolphe, explique-toi, mon ami, dit-il au milieu d'un trouble extrême.

Trencavel déchiré par un effroi sombre, mit le feu à une poignée de feuilles et d'épaves maritimes, et une inscription surmontant une pierre tumulaire fraîchement élevée se dessina à la clarté de la flamme fumeuse...

— Lis !... malheureux !... dit-il.

Paul distingua l'épitaphe suivante :

ELVIRE DE SAINT-JACQUES,

« Décédée le 22 novembre 1209. »

— Ma sœur !... ma sœur Elvire ici !... s'écria-t-il dans un furieux délire.

— Oui, ta sœur ici, en ce saint lieu, reprit tristement Rodolphe... Ici, par la main du malheur et du tourment, brisée, torturée par la destinée la plus fatale... Seule ici, avec sa conscience consolée et son amour satisfait!... Dieu sur son front et la gloire dans son âme.... Son espérance charmée et ses transes adoucies!...

Et puis, plus bas, et comme se parlant à lui-même :

— Et mon *anathème* toujours parlant et toujours brisant mon ingrate mémoire !

— Oh ! désolation !.... murmura sourdement de
Paul.

— Oh ! mort !... reprit Rodolphe.

Les deux infortunés tombèrent ici éperdus dans la poussière ; ils s'embrassèrent dans une étreinte cordiale. Leurs
belles chevelures se confondirent ; leurs soupirs firent un
torrent commun et sincère. Le lendemain matin, lorsque
le soleil eût doré l'azur des eaux , le bâtelier vint repren-
dre son bateau délaissé de la veille. Il recula d'une frayeur
sauvage en voyant à travers les roseaux et les joncs litté-
ralement inclinés, deux spectres éplorés qu'il croyait que
la mer avait jetés.

XX.

La Barque des Naufragés.

homme a mission de tout quitter pour te suivre : que devient sa destinée, quand brisé par le remords ou écrasé par les infortunes, cet homme quitte cette vie de souffrances pour voler vers ta céleste patrie ? Si le suicide est un acte patent de rébellion commis contre ta Souveraine Clémence, que devient l'âme qui, accablée par la destinée ou dévorée du désir de s'unir à toi quitte cette terre d'amertume pour jouir par anticipation des douceurs de ta Souveraine Promesse ? — Es-tu un Père capable de punir la démence, car l'âme est en démence quand elle se parjure ou un inimitable potentat vengeant l'enthousiasme quand l'enthousiasme nous attire vers ton Essence, source de tout bien et de toute sollicitude ? Ah ! il y a sans doute dans toute ta justice un fond de sympathique cordialité, et tu n'effraies que l'homme, quand tu lui défends de s'arracher à la terre pour monter au ciel, ton céleste séjour ! L'âme qui dépouille ses peines et son exil avec la foi au front pour envahir ta demeure n'est pas coupable ; non, mon Dieu ! elle mérite au point de vue le plus judicieux et de ton amour et de tes largesses infinies : de ton amour, en ce qu'elle est fille de ta foi intime, de tes largesses, en ce que sur elle tu as fixé et motivé tes complaisances !... Pardonne donc, ô Père infiniment bon, pardonne à l'enfant qui s'égare : pardonne à l'homme éploré et désolé... Ton trône doit sourire d'une joie ineffable, quand, contemplant son œuvre, il voit monter à lui une créature que la douleur écrase et que ton espérance corrobore et enflamme...

Le lendemain de cet épouvantable drame, drame qui avait jeté la terreur dans toute la contrée, un jeune enfant.

de douze à quatorze ans, assis sur la grève, méditait au milieu des vacillantes pensées de son tendre cerveau sur les incidents de la veille. Il avait son regard douteux, sa pensée trouble et inquiète ; une sorte d'affliction souverainement réfléchie se peignait sur tout visage. Auprès de lui, à douze mètres de distance environ, à un endroit où la mer faisait fond d'eau, sa barque était insoucieusement amarrée. Une brise légère et quelque peu rafraîchie en agitait la voile de toile ou de coton d'Irlande. Le jeune gars avait entre ses deux jambes endimanchées d'un pantalon de bure, un sac ou boursicaut en cuir, dont l'anneau corne-double enserrait quelques pièces d'argent à l'effigie de Montfort et de Dominique. Il s'amusait à compter cette heureuse *pécune* avec cette satisfaction pleine et entière de l'enfance, qui, à la vue d'une pièce de monnaie, quelle qu'en soit la valeur, croit sa part de paradis gagnée ! Qui n'a pas osé sourire devant un *maravédis ?* Quel pauvre n'a pas souvent versé une larme d'amour sur la moindre monnaie de billon ?... L'âme de l'homme est ainsi faite, qu'à la vue de ce qui est métal ou de terre elle s'énamoure facilement et oublie que Dieu a semé sa pâture sur les champs de l'univers, avec cette égale et judicieuse prévoyance, aux oiseaux du ciel comme aux hommes de la terre, pour apprendre aux uns et aux autres qu'ils ne doivent avoir nul souci de leur existence ! Pr osper compta donc sa monnaie, et, après ses additions et soustractions, il se coucha à plat-ventre sur le sable et traça de son doigt étique et qu'atrophiait la misère des caractères et des hyérogliphes.

Puis, l'enfant fut comme pris par une surexcitation nerveuse, et jetant au loin son chapeau goudronné :

— Peste ! de père, s'écria-t-il... Père est bien méchant; il eût pu recueillir hier au lever du jour ces deux cadavres que la mer avait jetés!... Dieu récompense les actions généreuses; la sienne sera peut-être punie!...

L'enfant sauta sur jambes décharnées, serra sa ceinture de jonc marin et alla ramasser son pauvre couvre-chef que le vent poussait de plus en plus à la mer.

Au moment où il s'abaissait pour ramasser son tout joli petit chapeau, il sentit une main se poser sur son épaule.

— Tu es bien bon! mon garçon, lui dit l'homme qui l'abordait ainsi.

Un autre homme, d'une mine effrayante, le teint pâle et hâlé lui prit la main gauche et la portant à sa lèvre frémissante :

— Elle avait six ans de plus!... dit-il en baisant cette main.

L'enfant eut peur; il recula sur le sable mouvant sous ses pieds et, plein d'amertume, il se prit à crier :

— Messires!... gagnez au large!... j'appellerai père,.... père a une redoutable massue et une main forte,... il vous écrasera, père...

Paul mit sa main dans sa poche et en sortit une poignée de sous melgoriens que l'enfant contempla avec frénésie.

— Oh! que de fortune! s'écria-t-il... que de fortune!... Père n'en amasse pas autant dans l'année... La pêche est bonne, mais les acheteurs bien mauvais! Et puis, cotto imposition extraordinairo nous écrase! Depuis qu'on a enseveli (1) Béziers, nous sommes plus

(1) Pour rasé.

malheureux encore.... Montfort, tout libéral qu'il est, nous accable néanmoins d'impôts... — Vive Dieu et notre bon Roger!..... s'écria l'enfant en crispant ses poings et en élevant ses regards innocents vers le ciel.

— Oui, vive Dieu et notre bon Roger, murmura faiblement Rodolphe; vive Dieu pour notre paix céleste, vive Roger pour notre paix terrestre. La liberté après l'esclavage! l'ochlocratie après cet enchevêtrement de tyrannies et de servitudes! Vive Dieu pour Dieu, vive Roger pour les hommes. Dieu d'un côté pour le bonheur sans fin! Roger de l'autre pour le bonheur passager. L'amour après les larmes, la satisfaction après les épreuves!

Paul soupira fort et ne dit rien à ce mélange de philosophie satirique.

Déjà familiarisé avec ses interlocuteurs, l'enfant trempa ses mains dans l'eau salée, en lava son front empreint d'une grâce et d'une ingénuité juvéniles et confia aux ailes de l'espace son beau refrain des *nautonniers :*

L'heure a sonné, lâche ta voile,
Mousse des mers, monte bien haut,
La mer t'attend, la nuit s'étoile,
Vole au hunier, Renaud, Renaud.

Le ciel est pur,
La mer est belle ;
De ton trajet, suis l'heureux sort.
Tout n'est qu'azur,
Vois ta nacelle ;
Elle s'agite dans le port.

. . . .

Le pâtre en feu quitte la plaine ;
De son côteau, le laboureur
Fuit le sillon qu'il trace en peine,
Et de son toit sent la douceur.
    Le ciel est pur, etc.

. . . .

Le mont s'est teint de vive flamme ;
L'astre des nuits, à l'horizon,
Mouille le flot de sa grande âme,
Et du Dieu-Grand offre le nom.
    Le ciel est pur, etc.

. . . .

Mais où sont-ils, les Héroïques ?
Ils sont partis pour le Seigneur ;
Le ciel de gloire en ses portiques,
Garde l'encens de leur grand cœur.
    Le ciel est pur, etc.

. . . .

Et sur le flot qui te rappelle,
Beau matelot, vogue sans peur ;
Prends ta Madone ; elle est si belle :
Invoque-là dans le malheur.

    Le ciel est pur,
    La mer est belle ;
De ton trajet, suis l'heureux sort.
    Tout n'est qu'azur,
    Vois ta nacelle ;
Elle s'agite dans le port.

Paul sentit une larme d'amour germer à sa paupière à la fin de cette touchante *barcarolle*. Ce mélange d'amour et d'expression héroïques charmèrent ses sens, et animé d'une sympathique cordialité et d'une considération profonde :

— Oh ! le bel enfant ! fit-il à Prosper qui souriait aux vents des mers qui avaient reçu son hymne de gloire et de patriotisme : quel est ton nom et l'origine de ta famille ?

— Je me nomme Prosper Alphador, reprit ingénûment l'enfant : j'appartiens à une secte de pêcheurs.

— Comment frêtes-tu ta barque, mon ami : quel est le mode de location ?

L'enfant ouvrit grands ses yeux et avec une aussi grande surprise :

— La barque n'a pas [de frêt, dit-il ; elle est destinée à la pêche et non au long cours et aux agréables promenades.

— Mais en te payant toute la recette que tu peux faire en un jour, ne serais-tu pas content ?

— Oh ! reprit stoïquement le jeune mousse : père a une décision souveraine ; j'aurais garde de contrevenir à ses ordres !

Paul sortit derechef sa bourse et présenta quatre sous au jeune pilote...

L'enfant contempla cette fortune avec frénésie et il poussa un profond soupir.

— Oh ! s'écria-t-il plein d'une inexprimable abnégation : elle est plus chère que ça, notre barque à nous !

Et tirant en même temps une chétive escarcelle de dedans son gousset de châmois rembruni :

— Tenez ! dit-il : voilà le salaire offert pour une heure de cession seulement sur la mer.

Paul laissa glisser dans les mains de l'intéressant pilote la somme quasiment-demandée.

Alors Alphador releva les mèches de ses cheveux flottantes et il enfila dans sa bourse huit sous à l'effigie du roi régnant alors de France.

Puis, ivre d'allégresse et d'amour, il acheva son refrain favori par une improvisation digne de toute surprise :

> Ah ! vogue en paix, fragile barque,
> Sur l'océan étends tes bras.
> Dieu de Jacob, Dieu te remarque,
> Sur mes doux bords, tu reviendras.
> Le ciel est pur, etc.

. . . .

La voile s'arrondit au loin ; le vaisseau gagna le large : bientôt il ne resta plus de cette embarcation qu'un point noir qui trembla imperceptiblement sur la surface des abîmes...

Quand l'enfant vit son *trésor* perdu, quand il vit s'éloigner le *gagne-pain* de ses jours, quand il vit disparaître à son œil pénétrant sa barque, sa chère *aérienne*, la consolation de ses parents, il tomba de repentir sur la poussière et se recommanda secrètement à Notre-Damede-Bon-Secours.

La terre finit enfin par disparaître aux yeux des *navigateurs*. Les monts tremblèrent, les rivages s'engloutirent ; il ne resta plus de cette Patrie, de cette France, de cette Europe adorée qu'un point blanc et de plus en plus insaisissable : c'était la pierre tumulaire qui surgissait au loin dans l'espace et ajoutait à l'impression morne des illustres voyageurs une impression plus morne encore : ce regret de ne pouvoir rappeler à la terre ce qui avait été ravi si fatalement au ciel.

Rodolphe étendit sa main au-dessus des eaux dans la direction du *fanal* blanchissant, et avec une parole religieuse :

— Adieu ! Patrie, dit-il ; phare sublime, adieu !!...

— Elvire ! mon Elvire, ma sœur chérie, adieu ! reprit mélancoliquement Paul.

— Elle est au ciel !..... murmura stoïquement Rodolphe.

— Elle est dans mon âme ! ajouta tendrement Paul.

— Elle anime ma pensée ! reprit eucore Rodolphe. Oh ! qu'elle était belle le jour de nos souffrances !..... Quand la calamité nous sépara, qu'il était doux d'être son appui !..... Je veillais constamment sur ses jours comme un frère veille sur ceux de sa propre sœur... Sœur de mon ami, je sentais que je corroborais les liens de l'affection, le foyer de l'amour en entourant l'existence de celle qui avait tressailli dans le même sein que le moteur de mon âme !... Mes nuits étaient tristes, Paul ; mais ma constance était inébranlable ; je savais sacrifier au désir de guerroyer, le charme d'être utile et ce charme était si grand !... Parjure et traître vis-à-vis des nobles élans patriotiques innés dans mon cœur, je ne voyais rien de plus beau que de m'attacher à celle qui faisait battre mon avenir ! J'oubliais, étrange infortuné, les malheureux que l'injustice flagrante couchait dans la poussière, que le mépris de toute équité ensevelissait dans le sang ! Ta sœur, oh ! de Paul, n'était plus pour moi une amie, elle était une archange tutélaire, une mère véritable, une reine inexprimable devant laquelle tombait ma faible bravoure... Mais à quoi devait aboutir tant de courage, à quoi devait se réduire tant d'héroïsme ?..... Le ciel n'avait-il pas fixé nos décrets ?...... N'avait-il pas ouvert

la tombe dans laquelle nous devions ensevelir nos soupirs?... Horreur !..... j'eus un jour le cruel délire
d'envahir sa demeure... Elle était en prières : ses mains
et ses regards étaient au ciel !... Oh ! fatale inconséquence ! je maudirai toujours ce lâche entraînement qui me
fit lui troubler sa méditation.... Qu'elle était sereine et
qu'elle était pure?... Dieu n'eût-il pas apaisé sa colère en
voyant un pareil ange prosterné devant sa puissance,
incliné devant Sa Majesté ?....... Elle me rejeta,
Paul ; elle me rejeta ; l'arrêt qu'elle donna à ma coupable
démence fut fatal : — *Partez ! Rodolphe,* me dit-elle ;
partez ! la loi le veut, la loi le commande, partez ! ! !
Oh ! comme elles sonnèrent terribles , ces paroles dans
cette chambre mystérieuse ! sortant d'une bouche sacrée
et qui méritait tant la compassion ! Comme elles ont gravé
un sceau cuisant et réprobateur dans mon cœur !......
. . . .

Oh ! oui, je partis, ange si doux, tout triste, tout
abattu , le remords dans l'âme , la malédiction sur mon
front...

. . . .

Trois heures après cette pénible entrevue, la ville était
singulièrement saccagée ; les portes volaient fracassées en
éclats; le peuple Biterrois expirait dans le sang ! Je sortis
effréné de ma demeure ; je donnai , inénarrable forban ,
la mort à des hommes que j'eusse dû craindre, respecter et
bénir !... Mais ma passion dominante à moi, mon sublime dessein était de la protéger, de la sauver, de la
revoir encore, elle, Elvire !... Je gravis plein d'angoisse l'escalier de ton palais, ce sol adoré sanctifié par
le sang de tes martyrs ;... je ne trouvai dans ta pauvre
retraite que la nuit, que le silence !..... Oh ! comme

je tombai à genoux devant le Créateur!... Comme j'implorai sa Toute-Puissance si généreuse? Alors mes facultés s'éteignirent en moi, de Paul; je ne conservai de cette cruelle défaite que le souvenir d'avoir perdu! Stupide, égaré, je descendis je ne sais comment dans la rue.....
Une affreuse mare de sang montait jusqu'à ma ceinture. Mon joli baudrier si parfumé et si plein d'amour chevaleresque effleurait à chaque instant des têtes de cadavres!!! Oh! comme la sympathie se réveilla alors en moi!..... Comme elle me parla avec toutes ses douceurs et toutes ses aménités!... Je pleurai, Paul; je pleurai et je gémis sur ces frères adorés que l'égarement et l'oubli exterminait!...

. . . .

Je me relevai pourtant transporté d'une noble constance et, animé d'un digne courage, j'osai parcourir encore la cité au son des fanfares impures qui s'éloignaient sur Carcassonne, à la clarté des feux nocturnes que les vengeurs avaient laissés allumés sur les remparts.

. . . .

Au fond d'un quartier désert, sur une place *vide* et *ravagée,* un édifice s'élevait, grand, imposant de clarté et de lumière: c'était l'église. Je m'y avançai... Ne pouvait-elle pas y être, elle, Elvire? Elle aimait tant la prière; elle se faisait tant une gloire du recueillement!... Ne pouvait-elle pas être venue supplier auprès du Christ?... La cité de Jéhovah était profanée aussi; partout des sacriléges; partout des impuretés; partout la main de la vengeance et du sang!...

. . . .

Dans l'enceinte du temple sacré, au milieu d'un double trophée de morts et de victoires , une excavation profonde s'offrit devant moi... Elle était obscure ; de son centre s'échappait un éther nauséabond et méphytique !... Je m'y enfonçai... Au pied d'une colonne antique, sur une dalle ravagée et voilée de poussière , une jeune vierge soupirait tendrement ; son sein s'enflait à demi ; de son visage meurtri et balafré , s'échappait une expression plus que divine ; quelque chose comme un crucifix argenté brillait à son doigt...

— Ma sœur !... s'écria Paul.

— Oh ! oui , c'était elle , c'était elle , Elvire !..... J'osai coller un baiser sur ses lèvres pures et vermeilles et l'emportai dans mes bras à travers champs et dangers chez Renaud !... C'est là , de Paul , là , qu'elle a expiré, ton nom chéri sur sa bouche , le nom trois fois adoré de son Dieu sur son cœur...

J'ai fait élever pour elle , à sa gloire , ce monument que tu vois au-delà de la mer.

Le vois-tu ce vivace mausolée , sur lequel les anges semblent s'abaisser à l'envi ?...

Pendant tout ce récit, le généreux preux , le brave de Saint-Jacques, avait tenu son œil fixé sur les planches mouvantes de la funèbre tartane.

Quand Rodolphe eut fini , il se leva. Son amitié caressante parcourut le vaste empire du liquide.

— Oh ! dit-il en élevant des regards plein d'amour et de détresse vers le ciel : où sont nos pères ?...

— Ils sont morts , répondit Rodolphe.

— Quel martyre ! reprit Paul. Dieu pourrait-il nous punir si la gratitude nous obligeait à aller nous placer sous les palmes immortelles qui les ombragent et les recommandent ?

Rodolphe inclina sa tête à l'appel sublime du dévoûment ; sa main frémit ; ses lèvres prononcèrent des mots indistincts, des paroles de vie et de flamme et ;

— Non ! dit-il ; non ; il n'y a à la mort qu'à opposer une nouvelle mort...

Et les infortunés, à cette inspiration lamentable, s'embrassèrent et se laissèrent aller à l'eau. L'océan les reçut d'abord, puis les rejeta encore. Sur sa surface éclatante, leurs lèvres prononcèrent les doux noms d'Elvire et Dieu... Puis le gouffre inexorable se referma encore sur eux et l'eau bouillonnante pétilla sur leurs pauvres cadavres.... Et la barque flotta encore à la surface de l'abîme comme confondue et surprise de pareil sinistre...

Quand le fragile esquif fut ramené sur le rivage *Viassien* poussé par des vents contraires, les matelots accourus sur la grève au bruit du désastre n'osaient y toucher, le croyant un messager des cabalistiques machinations des tristes Ombres.

THÉODORE **REVEL.**

FIN.

Aux Habitants de Béziers !...

Nation de preux, peuple de braves, respecte à tes pieds ma lyre domptée et impuissante. Elle a fait vibrer tes mâles accords, ta lugubre harmonie; laisse-lui dans la prière retremper l'amour dont elle a besoin pour récompenser ta magnificence, payer tes largesses! Foule de martyrs, tu as captivé ton âme jusqu'à accueillir mes chants !..... Glorifie-toi avec tes pères morts !... Tu n'as pas seulement assisté un malheureux Orphée ; tu as liquidé une dette aux encens et à la gloire de la Patrie !... Famille immortelle, tu as assisté à cette ère funeste où le fer décimait tes remparts, où la barbarie et la vengeance peuplaient ta cité de cadavres et de sang ! Pleure avec mes méditations, Sparte adorée, souffre avec mes soupirs, berceau plus magnanime que les *Gorges* sanctifiées qui reçurent les cris déchirants de trois cents Lacédémoniens ! Que peut-on sacrifier de plus quand on a sacrifié sa vie? Que peut-on offrir de plus quand on a offert son sang et son avenir ?

Ces cendres enfermées dans tant de siècles, ces ossements, la terreur de tant d'échos, ce sont tes Pères!... Ah ! l'Éternel veille au salut des sacrifices !... Ce *Sac* qui t'éternise, cette frénésie pour les hécatombes qui sont trop souvent et par trop de fois méconnues te signalent et te recommandent !...

Il y a dans les champs de l'honneur des places réservées aux enfants deshérités : c'est là que dans une sublime quiétude tu goûteras les irradiations dûes à ta stoïcité et à ta vertu !

Salut, pavé attendrissant, *Calvaire* où ont germé les pleurs et les larmes, Herculanum ensevelie dans les laves impures, salut !

Théodore REVEL.

La Presse du Midi a fait assez de bruit pour annoncer un roman intitulé une *Évasion*, épisode de la guerre des Albigeois, dû à la plume élégante de M. Théodore Revel. L'article ci-dessous, signé du même nom, nous est tombé heureusement sous les yeux ; nous le transcrivons pour donner une idée du style et des pensées de l'auteur.

Il y a dans ces lignes un cachet *d'humour* britannique et de poésie rêveuse et inquiète qui nous ont frappé. Nos lecteurs éprouveront probablement le même sentiment que nous à l'égard de ce nouvel écrivain et nous sauront gré de leur avoir fait connaître un si précieux échantillon.

De Saint-Ruf.

Messager de Vaucluse du 19 avril 1863.

La Veille de Noël.

Et Verbum caro factum est; et habitavit
in nobis.

Il est minuit; le silence règne dans la nature. Une bise
tiède et bruyante s'enfonce par mes volets, pénètre dans
mon laboratoire, remue et agite quelques papiers épars
que ma main jalouse a livrés au tourment de la réprobation.
Affaissé par la pensée, torturé par une longue veille et
par des méditations sans nombre, mon cœur bat d'effroi,
et de tristesse; d'effroi, dans la crainte d'un mauvais
enfantement; de tristesse, dans l'appréhension plus grande
d'exposer ma nudité au public ! Les fantômes créés par
ma lampe vacillante aux mille caprices de mes meubles
et de mes hardes, dont l'ombre idéale se dessine affreuse
sur mes murs, sont autant de *vengeurs* sans pitié qui
menacent ma gloire, épouvantent mon vain orgneil.... Je
soupire et je gémis... Ma main appuyée contre mon front
brûlant, je me désespère et me désole. Pareil au Héros
de mon histoire, je croyais avoir poursuivi une réalité,
atteint une image; je ne trouve qu'une illusion; je ne
découvre qu'un rêve !... Tout à coup des harmonies
confuses s'élèvent des divers côtés de mon hameau ! C'est
ici l'*Hosanna* solennel; c'est ailleurs cette ballade sacrée
qui accompagna les premiers Forts à la Crèche de Bethléem.
Mon âme frémit; elle tressaille, elle écoute. L'extase dans
laquelle je m'abîme devient de plus en plus sombre; elle

s'inquiète, elle se trouble !.... Moi profane ! et tant d'êtres qui élèvent leur encens vers le ciel !... Je reprends mon œuvre et l'outrage. Pareil à ce peintre Grec, je maudis cette toile généreuse où plus tard un peintre habile , un maître clément, eût pu passer un brillant coloris et rendre cher au monde et à la religion ce que je n'ai fait que dégrader en l'animant de vie.....

Mais le souffle de la pitié a touché mon cœur. L'airain sacré a vibré dans l'espace. Ces notes annonçant à la terre entière une heureuse *Venue*, sont venues incruster dans mon âme des échos sublimes. Béziers en avait aussi des cloches ; eh ! qu'annonçaient-elles au triste adieu?.... La partie la plus saillante de mon ouvrage renaît. Je songe à ce *SAC* terrible , à cette lutte sans espoir, sans rivale dans les annales des égorgements publics.... L'airain plus doux , l'harmonie plus timide m'annonce qui fut peut-être malheureux de ce malheur, qui s'abreuva de cette misérable infortune. Je sors effréné de ma demeure; je parcours les rues du Hameau ; ces rues sont désertes. Arrivé à l'église, sur un autel paré de fleurs, un illustre pontife élève dans le ciel le Roi de Gloire. Je m'approche avec les Bergers de l'humble Crèche, et, avec ceux de ma communion, je prie le Dieu trois fois puissant de ne plus renouveler ces catastrophes.

Le lendemain du Sac. — Le Dernier des Biterrois !

Il adressa un hymne au Créateur pour toutes ces souffrances et l'on grava ces quelques mots sur sa tombe:

Passant ! Béziers fut héroïque : Béziers n'est plus !... une larme a sa mémoire !...

L'orage froisse et flétrit la nature ; l'ouragan la désole et la tourmente ; la guerre la couvre d'un voile noir et sanglant ! Il y a un peu de boue toujours, après un orage ; après une tempête, il y a des objets renversés, des forêts ou des moissons détruites ou gémissantes ; après une lutte héroïque, il y a du sang ! Il y a des bras mutilés, des troncs séparés, des têtes hagardes sur un sol frémissant et ahuri ! Il y a plus encore, il y a la fougueuse barbarie et l'impitoyable cruauté, promenant à travers ce champ de mort leurs spectres hideux, leurs spectres sans pitié, ivres toujours de vengeance et d'amère haine !.... Le sort achève ce que l'acier farouche n'a pu exterminer ; la peste frappe l'homme qui a fui sa patrie aux abois !... Dieu se manifeste par des mystères invisibles ; sa main atteint le faible ébahi qui s'est retranché dans des lieux créés inexpugnables par sa fallacieuse confiance.

Zalma avait quitté Béziers. Une fumée s'élevait dans le ciel ; les cendres mêlées aux ossements en putréfaction surchargeaient l'air de miasmes infects et d'exhalaisons insalubres.... La lune au firmament éclairait tremblante cet ensemble de nudité, de terreur et d'infâmie. Parfois s'échappaient de ce bûcher ardent et de détresse des flammes d'un bleu terrible, d'un rouge pâle ; ces réverbérations semblaient porter au ciel l'hommage de l'amour et de la reconnaissance, de la sympathie et du patriotisme ! L'homme qui apercevait de loin ce fumier vivant, cette tombe pantelante, consultait la terre avec effroi, regardait le ciel avec délire ; un encens s'échappait malgré lui de son cœur; c'était l'hymne au *sépulcre* des martyrs !... Zalma se glissa sur ses coudes déchirés, sur ses genoux teints de sang, sur ses doigts et ses mains effiloqués et meurtris, et reptile plein de stigmates, il se déroba par la ruse aux sentinelles vigilantes et au spectacle affreux du désespoir régnant sur un trophée de morts et de pestiférés !... Mais mon Dieu, qu'avait-il gagné à cette fuite ? Le noble Lacédémonien devait tomber là où ses pères étaient morts ! s'il lui restait une satisfaction après toutes ses souffrances, c'était de porter à la postérité le souvenir des maux de sa patrie. Zalma ne se découragea pas; il regarda le ciel ; le ciel sembla lui sourire ! La Providence envoie son rayon consolant à l'homme qui va mourir. Sur son grabat, le moribond ressent toujours les charmes de la patrie. L'espérance insensée qui reluit à toutes les infortunes, ressuscite à sa mémoire ! L'homme croit qu'il n'y a rien d'ingrat à cette terre qui trahit: pour lui, la mort n'est plus un glaive; elle est un instrument de docilité et de complaisance. Vivre est un acte indestructible ; mourir, une illusion. L'héroïque bitterois soupira et à ce soupir qui occasionna une inexprimable convulsion dans toute sa pauvre nature, un flot de sang jaillit de ses narines et de ses tempes, le ceinturon qui bandait son front cicatrisé se dénoua et une source de caillots et d'humeur vermeille colora son visage. Zalma déchira un pan de sa blouse, s'en fit de la charpie et la

colla contre ce front où la douleur se montrait si farouche.
Un instant cicatrisée, cette plaie, Zálma sentit renaître ses
forces ; il but dans le calice d'une fleur, avec les senteurs
de la nuit, les vapeurs d'une rosée bienfaisante et rampa
encore.... Il arriva enfin à un fossé, Il n'y avait plus moyen
de le descendre, de le franchir, de le tourner ; Zalma
devait retourner sur ses pas ou mourir devant cet obstacle
infranchissable ! Il sentit son âme défaillir, laissa sa tête
s'affaiser sur l'herbe humide et tendre et attendit avec une
cruelle anxiété la disposition de cette affreuse syncope. Il
y avait un peu de boue dans ce fossé ; Zalma allongea sa
main, prit un peu de cette boue et en passa sur ses genoux,
sur ses tempes, sur son front brûlant et désespéré ! Ce
rafraîchissant calma sa surexcitation fiévreuse. Il se leva
debout, fort, menaçant, terrible, preux sans crainte et
sans peur; anathème sympathique pour la patrie et la
postérité ingrates !.... Dans ce martyre où vécut seule son
âme, dans ce surcroît d'héroïsme et de résurrection civiques,
il adressa un hymne de gloire à l'Eternel, à celui qui
commande les batailles. — *Mon Dieu!* s'écria-t-il ; *Paix
pour mes frères, paix pour ma patrie morte !* Et le souffle
suspendu à cette dernière exclamation, il roula sur l'herbe
ensanglantée...

. . . .

Mais l'horizon se teignait insensiblement des feux diurnes.
les sentinelles postées au loin dans la campagne rentraient
à leurs quartiers démantelés. L'une d'elles vit le vieillard
gisant sur le sol : — Guerrier, lui dit-il, tu meurs après
la bataille ; et il lui plongea le sabre dans le sein. Zalma
en retirant le fer de la plaie coupable, lui adressa ces
mémorables paroles : — *Expirer sur le champ de la vertu,
c'est conquérir!...* Et il s'éteignit. L'assassin s'enfuit en
frappant son front de regret et d'amertume.......

Mais le jour même, Célina, fille du pâtre David, vint garder en ces lieux ses agneaux; et, apercevant le vieillard couché sur le tertre, elle lui fit creuser une tombe et plaça sur la pierre qui devait former le sépulcre ces mots:

Passant! Béziers fut héroïque : Béziers n'est plus....
Une larme à sa mémoire.......

qu'elle avait trouvés inscrits sur un vieux parchemin au fond de la gibecière du trepassé et marqués d'un cachet de pierre.

Une personne aussi modeste que digne de vénération
nous a adressé la lettre suivante : nous l'insérons ici ,
moins pour donner une estime des appréciations favorables
qu'a pu faire naître dans le public la publication de notre
ouvrage , que pour payer le gage de déférence et d'amour
que nous devons à son indélébile sympathie.

Théodore REVEL.

MONSIEUR,

Lorsque après une longue veillée consacrée à l'élaboration de votre bel ouvrage, l'heure impitoyable vous appelait au repos, dans le recueillement qui suit une noble fatigue, vous avez dû vous demander souvent quel serait le sort de votre roman patriotique.

L'homme de talent, l'écrivain consciencieux et pénétré doute toujours de lui-même; il expose, en tremblant, son œuvre sur la mer orageuse de la publicité; il attend avec une anxiété poignante la manifestation des sentiments d'un public éclairé. Mais si le livre est jugé bon, si de nombreux lecteurs se l'arrachent, si la presse, par ses mille voix, chante les louanges de l'auteur, combien sont doux pour le cœur de l'écrivain la gloire et l'honneur qui viennent récompenser ses veilles et ses travaux.

Goûtez cette joie, Monsieur, dans toute sa plénitude; le succès, qui arrive toujours à qui en est digne, ne s'est pas retardé en chemin, il a devancé même l'apparition du livre. C'est que vous n'êtes pas un inconnu pour les lecteurs de nos contrées ; les nombreuses publications que vous avez faites dans les journaux ont donné aux amateurs de bonne littérature la mesure de votre talent, de votre courage et de votre ingénuité.

Un de vos premiers mérites est de ne vous être pas montré le servile imitateur de quelqu'un de nos romanciers en renom. Comme Walter Scott, vous ne vous égarez pas dans des digressions ennuyeuses ; vous n'êtes pas verbeux comme Alexandre Dumas ; comme Victor Hugo, vous ne vous perdez pas dans les nuages ; vous ne frondez pas, comme tant d'autres, l'ordre social, vous n'attaquez point la morale. Dans ce siècle de positivisme où tout se classe et se catalogue, il serait bien difficile d'indiquer à quelle école vous appartenez de près ou de loin. Votre succès, vous le devez à vous-même, et nul maître ne peut revendiquer l'honneur de vous avoir servi de modèle.

Vous êtes le créateur d'un genre que, dès les premiers pas, vous avez mené à la perfection. D'autres viendront, sans doute, exploiter la mine féconde que vous avez découverte, mais le roman *Historico-philosophique* n'aura jamais de plus digne représentant que vous.

Votre style, aussi éloigné de l'enflure que de la simplicité triviale, est toujours d'une rare pureté, d'une clarté admirable. On rencontre souvent dans vos écrits des expressions dont personne ne s'est servi avant vous, mais marquées d'un tel cachet d'à propos et d'originalité, qu'elles sont appelées à enrichir notre langue déjà si belle.

Le choix d'un sujet est un des plus grands soucis d'un auteur consciencieux. Le votre ne saurait être plus heureux : vous chantez votre pays, sa gloire, son héroïsme, ses malheurs. Et comme vous êtes profondément ému vous-même, vous savez remuer toutes les fibres de ceux qui vous lisent. Cela seul suffirait pour vous mériter la reconnaissance publique.

Mais il est une autre de vos qualités que je ne saurais passer sous silence. Vous avez dédaigné, Monsieur, l'emploi de ces moyens infâmes dont usent trop souvent les romanciers pour assurer le succès de leurs ouvrages. On ne trouve point dans votre livre ces tableaux obscènes qui plaisent malheureusement à un trop grand nombre de lecteurs, et dont les honnêtes gens détournent les yeux avec dégoût ; la mère pourra sans danger mettre *Une Évasion* entre les mains de sa fille, et la vierge la plus chaste n'y trouvera point une pensée qui fasse monter la rougeur à son front.

Et pourtant vous parlez d'amour . . . ! Tant il est vrai qu'un cœur honnête purifie tout ce qu'il touche !

Courage, Monsieur, persévérez dans cette voie. Mais qu'un malheur (qui n'arrivera pas) brise votre plume, vous avez fait assez pour votre réputation.

Louis **BRO.**

Béziers, le 10 mai 1863.

TABLE DES MATIÈRES.

Béziers. — Imp. J. DELPECH, au St-Esprit.